ORACIONES DE ACCIÓN DE GRACIAS

José Carlos Bermejo

ORACIONES DE ACCIÓN DE GRACIAS

SAN PABLO

Colección dirigida por José Carlos Bermejo

José Carlos Bermejo es religioso camilo, director del Centro Asistencial y de Humanización de la Salud (mayores, cuidados paliativos, formación, Centro de Escucha), en Tres Cantos (Madrid). Doctor en Teología pastoral sanitaria y especialista en humanización, bioética y duelo. Autor de numerosos libros e investigaciones, enseña en varias universidades de España y Portugal. www.josecarlosbermejo.es

© SAN PABLO 2024
  Protasio Gómez, 11-15. 28027 Madrid
  Tel. 917 425 113 - Fax 917 425 723
  secretaria.edit@sanpablo.es - www.sanpablo.es
© José Carlos Bermejo Higuera 2024

Distribución: SAN PABLO. División Comercial
Resina, 1. 28021 Madrid
Tel. 917 987 375 - Fax 915 052 050
E-mail: ventas@sanpablo.es
ISBN: 978-84-285-7032-9
Depósito legal: M. 393-2024
Impreso en Artes Gráficas Gar.Vi. 28970 Humanes (Madrid)
Printed in Spain. Impreso en España

Introducción

El que ilumina a otro, recibe luz, aun sin querer. El que agradece a otro, vive agradecido y mejor, aun sin querer.

Así es la oración de acción de gracias: un modo de mirar la vida que retorna en forma de luz que focaliza, que centra la atención y permite tomar conciencia de las bondades que nos rodean. ¡Qué bueno es dar gracias a Dios!

Voy descubriendo, mientras cultivo esta actitud de agradecimiento de manera sostenida, que me hace bien. Y confío en que le haga bien a quien se una a esta dinámica saludable.

Siento cada vez más que dar gracias a Dios es un ejercicio de humildad. Como lo es la oración, en general. La humildad es el fundamento de la oración, el requisito indispensable, como es también fundamento de las virtudes. Dice san Agustín que el ser humano es «un mendigo de Dios». Y la humildad es hermana inseparable de la pobreza. El rico, el orgulloso, es difícil que se disponga en actitud de pobreza suficiente como para dar gracias considerando que todo es un regalo recibido. Los pobres de espíritu son los que han cesado de ver en su yo el centro del mundo para verlo en Dios y en el prójimo.

Pienso cada vez con más frecuencia sobre cómo la soberbia dificulta la vida agradecida, así como dificulta la vida de fe, la apertura a la trascendencia, la acogida de Dios en la vida de las personas. Es la humildad, con frecuencia silenciosa e invisible, cuando está asentada en el corazón, la que abre el espacio al agradecimiento. Como lo es también la admiración y la apertura a la belleza y bondad presentes en el universo en sus innumerables formas.

Estas páginas quieren ser una expresión más de mi admiración por el mundo y de mi reconocimiento de la bondad existente en él. No me siento ingenuo o ciego ante las dinámicas del mal. Ni tampoco me resisto a presentar al Padre Bueno mi indigencia y los deseos profundos de que todo sea mejor. Es también verdad esto: ¡hay tanto mal! Sin embargo, me siento preñado de necesidad de agradecer, de seguir identificando cosas, dinámicas, valores, costumbres, valores... buenos, y quiero nombrarlos y elevar una humilde plegaria de agradecimiento a Dios.

Me parece que la humildad de quien agradece dirigiéndose a Dios es como un surco fecundo de buena vida y de buenos frutos concretos. San Camilo, a quien invoco al terminar cada oración, como religioso camilo que soy, decía: «Yo no sé en mis oraciones andar por las copas de los árboles». Prefería el sendero de los vuelos bajos, de la tierra, de lo que se concreta en la horizontal de la vida, donde el rostro del prójimo nos interpela y desafía a la solidaridad.

La humildad es la base de la oración, se lee en el Catecismo de la Iglesia Católica; es una disposición necesaria para recibir gratuitamente el don de la oración. Así me veo yo, escribiendo estas páginas que quieren servir a otros a dar gracias; haciendo un ejercicio de sencillez al identificar los motivos, las cosas por las que hacerlo. La humildad purifica el corazón y la mente, los libera de toda vanidad y nos abre al agradecimiento.

Presento, pues, estas oraciones tan sencillas de agradecimiento a Dios, con voluntad desnuda de cualquier pretensión que no sea la de humanizarnos por el camino de la iluminación de lo bueno, lo bello, lo que construye un mundo más amable y mejor para todos.

Pero siento que si, por un lado, para orar dando gracias hace falta mucha humildad, también la oración de agradecimiento aumenta la humildad saludable.

Pero no es posible dar gracias sin contemplación. Y el vuelo contemplativo ha de ser lo suficientemente bajo como para identificar las realidades, también las que nos interpelan a hacer que sean como nos gustaría: agradecer comprometiéndonos.

Gracias, amigo lector, por acoger estas páginas, este humilde libro. Gracias por unirte a mí en el agradecimiento a Dios. Gracias por compartirlo con otros, individual o grupalmente. Gracias a Dios por que lo has tomado en tus manos con buenas intenciones y, quizás, con agradecimiento.

1
La salud regalada

Oramos en clave de acción de gracias.

Padre bueno, gracias por la vida, y gracias por la salud regalada.

Gracias por el regalo cotidiano de la salud, en su dosis lograda, vivida, disfrutada, quizás en el silencio de la ausencia de enfermedades.

Gracias por el buen funcionamiento de nuestros órganos, la armonía entre mente y cuerpo, el logro de los buenos pensamientos, el manejo de los sentimientos, el cultivo del espíritu saludablemente.

Gracias por la salud vivida en lo pequeño, en todas y cada una de las funciones de nuestro cuerpo. Gracias por ese silencio del cuerpo asociado a la salud, que apreciamos en la rutina de la cotidianeidad del bienestar.

Gracias por la salud regalada.

Amén.
San Camilo, ruega por nosotros.

2

La catequesis

Oramos en clave de acción de gracias.

Padre bueno, gracias por la vida, y gracias por la catequesis.

Gracias por los encuentros en los que alguien comunica los contenidos de la fe, da testimonio con pasión de la historia de la salvación, enseña el sentido de los valores que emanan del Evangelio, muestra el significado de los símbolos de la vida litúrgica y transmite las tradiciones religiosas actualizadas.

Gracias por los que regalan su tiempo en la catequesis, preparándose debidamente, acomodando el mensaje a la naturaleza de los grupos a los que se dirigen.

Gracias por la valencia catequética de tantas personas que, con sus conductas, en reuniones, en cotidianeidad, muestran ejemplarmente la belleza de creer, la mirada crítica a las tradiciones, la pasión por la coherencia entre fe y vida práctica, por religarse y comprometerse por un Reino de justicia, de amor y de paz.

Gracias por las catequesis y los catequistas.

Amén.
San Camilo, ruega por nosotros.

3
Los planes de humanización

Oramos en clave de acción de gracias.

Padre bueno, gracias por la vida, y gracias por los planes de humanización de la asistencia sanitaria.

Gracias por todas las iniciativas individuales, de equipos, de servicios, de hospitales, de comunidades autónomas, de instituciones religiosas, que se proponen humanizar la asistencia sanitaria.

Nos damos cuenta de que hay realidades que no son ideales en el mundo de la salud, que pueden mejorar. Sabemos que hay malos tratos, prácticas que se deben corregir, procesos que no consideran suficientemente a la persona. Deseamos humanizarlos.

Sabemos que el sistema sanitario tiene falencias, fallos, por una mirada biologicista a la salud, por el peligro de cosificar a las personas enfermas, reduciéndolas a casos de interés para las ciencias biomédicas.

Gracias por todas las iniciativas que surgen para humanizar. Deseamos que desplieguen sus potencialidades de manera vinculada, profundizando en las implicaciones que tiene la humanización.

Gracias por los planes de humanización.

Amén.
San Camilo, ruega por nosotros.

4
La innovación

Oramos en clave de acción de gracias.

Padre bueno, gracias por la vida, y gracias por la innovación.

Gracias por las personas creativas que son capaces de soñar cosas nuevas, de realizar descubrimientos, de crear dispositivos de ayuda para satisfacer las necesidades humanas, para mejorar el confort, para agilizar los procesos, para aumentar la eficiencia y agilidad.

Gracias por la innovación de la que son capaces las empresas, las administraciones públicas, la Iglesia. Queremos dar la bienvenida a lo nuevo, a la tecnología que humaniza, a los cambios que nos permiten vivir más y mejor con salud. Sentimos hondamente el deseo de usar con prudencia las formas de innovación, sin generar brechas de excluidos, sin olvidar la naturaleza humana, la subjetividad en la vivencia de los acontecimientos y la verdadera naturaleza multidimensional del ser humano.

Gracias, Padre bueno, gracias por renovar cada día en nuestro corazón la experiencia de tu presencia entrañable.

Gracias por la innovación.

Amén.
San Camilo, ruega por nosotros.

5
Los médicos de emergencias

Oramos en clave de acción de gracias.

Padre bueno, gracias por la vida, y gracias por los médicos de emergencias.

Gracias por los profesionales de la medicina que vigilan todo el día y están disponibles en servicios de emergencias para responder a las necesidades urgentes de enfermos, accidentados y víctimas.

Gracias por el esfuerzo, la profesionalidad y la humanidad que tienen quienes se enfrentan a los traumas y accidentes, en ocasiones muy duros de abordar, por la gravedad de los siniestros y la muerte.

Gracias por la cualidad humanizada de quienes saben sostener en los traumas a las víctimas y a sus familias, y saben hacer equipo y coordinarse para proteger la vida, cuidarla, salvarla de riesgos severos y sostener la esperanza.

Gracias por los médicos de emergencias.

Amén.
San Camilo, ruega por nosotros.

6

La policía

Oramos en clave de acción de gracias.

Padre bueno, gracias por la vida, y gracias por la policía.

Gracias por las personas que pertenecen a algún grupo de las fuerzas de seguridad, de protección, del orden. Gracias por todos los que día y noche están dispuestos a ayudar en los momentos de accidentes, violencia, robos, tráfico, concentraciones masivas...

Gracias por los que, con espíritu de servicio y usando la fuerza solo lo imprescindible, velan por el cumplimiento de la ley para proteger a los más débiles, para hacer justicia, para ayudar en la vulnerabilidad, en las catástrofes, en los daños que nos hacemos unos a otros.

Gracias por todos aquellos que hacen guardia, que viven en condiciones de riesgo, en lugares accidentados, lejos de sus familias...

Gracias por todas las personas que trabajan en el servicio público del orden, la justicia y la ayuda.

Amén.
San Camilo, ruega por nosotros.

7
Las imágenes

Oramos en clave de acción de gracias.

Padre bueno, gracias por la vida, y gracias por las imágenes.

Gracias por las imágenes que representan a personas, célebres y menos célebres, en pintura y escultura. Gracias por las imágenes que nos evocan claves de valor de nuestra vida de fe. Gracias por las imágenes convertidas en arte bello, no tétrico; que son referencia, evocación, subrayados de cultura y valor.

Gracias por las imágenes tradicionales, las que veneramos en lugares a los que nos vinculamos con costumbres, prácticas, reverencias, fiestas...

Gracias por las imágenes que nos invitan a respetar y honrar la dignidad humana, a no dañar al ser humano, a transformar el mal en bien, en oportunidad, a unirnos en torno a un mundo de justicia y paz. Gracias por la imagen más difundida en el mundo: el crucificado, el referente humanizador por excelencia. ¡Que nadie muera injustamente, que nadie muera asesinado, que nadie sea violento contra otro ser humano!

Gracias por las imágenes.

Amén.
San Camilo, ruega por nosotros.

8
La nieve

Oramos en clave de acción de gracias.

Padre bueno, gracias por la vida, y gracias por la nieve.

Gracias por la nieve que embellece nuestras montañas, que nos regala agua para nuestros lagos y pantanos, para consumo en nuestra vida. Gracias por la nieve con la que algunos disfrutan en actividades de ocio, deporte. Gracias por la nieve que, en su justa medida, nos permite admirar la naturaleza y la transformación de los paisajes.

Deseamos ser respetuosos con la naturaleza, con sus elementos, con los que más nos ayudan a llevar una vida digna, variada de estímulos, saludable.

Gracias por nuestras capacidades de afrontar las situaciones adversas climatológicamente, las que nos dificultan los movimientos, el trabajo o la prestación de servicios, si nos organizamos preventiva y solidariamente.

Gracias por la blanca nieve.

Amén.
San Camilo, ruega por nosotros.

9

La corriente eléctrica

Oramos en clave de acción de gracias.

Padre bueno, gracias por la vida, y gracias por la corriente eléctrica.

Gracias por que hemos aprendido a generar energía eléctrica, a almacenarla, a distribuirla y a utilizarla para hacer funcionar innumerables aparatos técnicos al servicio de la vida cotidiana.

Deseamos usar racionalmente la energía, gestionarla justamente, valorarla y apreciarla sin malgastarla y distribuirla de manera accesible. Deseamos respetar la tierra y las fuentes de energía lo suficiente como para dar acceso a la vida de las futuras generaciones, con una dimensión ética que alcance una mirada solidaria, ecológica, prudente y racional.

Gracias por la energía eléctrica que se hace de uso cotidiano en nuestro vivir, en nuestro trabajar, en nuestros desplazamientos. Gracias por las fuentes de energía que transformamos.

Gracias por la energía eléctrica.

Amén.
San Camilo, ruega por nosotros.

10

El sol

Oramos en clave de acción de gracias.

Padre bueno, gracias por la vida, y gracias por el sol.

Gracias por el planeta que nos ilumina, que nos da calor, en torno al que giramos, que nos marca tanto nuestra vida cotidiana, nuestro tiempo a lo largo del año.

Gracias por el sol que nos regala calor, que da vida a la naturaleza vegetal, animal, humana, del que obtenemos bondad para la salud, calor para la producción, caricia para el bienestar y descanso.

Gracias por el sol que se convierte en símbolo, que admiramos por su radiación, por su luminosidad que posibilita la vida.

Gracias por el sol que simboliza la fuente de luz que permite la vida, que proporciona la energía vital, el calor y permite a todos los organismos crecer y manifestarse.

Gracias por el sol que simboliza poder, genera admiración, evoca la alegría.

Gracias por el sol.

Amén.
San Camilo, ruega por nosotros.

11

Las personas nobles

Oramos en clave de acción de gracias.

Padre bueno, gracias por la vida, y gracias por las personas nobles.

Gracias por todas las personas que, en su cotidianeidad, mantienen la fidelidad a la palabra dada, a las relaciones construidas, a la confianza puesta en ellas.

Gracias por las personas que, por ser nobles, son atentos con todos, serviciales, y promueven la justicia, sin intenciones ocultas, sin intención de dañar nunca a nadie.

Gracias por las relaciones de ayuda que surgen de la nobleza de las personas buenas, sencillas, pero fieles, que se ganan la confianza con su constancia y transparencia.

Padre bueno, ¡qué bien nos hacen sentir las personas nobles! Deseamos serlo también nosotros, con nuestro compromiso con la humanidad frágil y necesitada de alcanzar cotas de humanización que nos honren.

Gracias por las personas nobles.

Amén.
San Camilo, ruega por nosotros.

12

Las razones que nacen del corazón

Oramos en clave de acción de gracias.

Padre bueno, gracias por la vida, y gracias por las razones que nacen del corazón.

Gracias por que somos conscientes de que, en la razón, en la cabeza, en la argumentación y en la lógica intelectivas, no se agotan las fuentes del bien y de la vida buena y feliz.

Encontramos en nuestro corazón un dictado de valor que nos mueve a la compasión para ayudar a las personas vulnerables, nos hace dignos, buenos, solidarios y justos.

Gracias por el corazón que bulle de compasión genuina, de deseo de aliviar el mal ajeno, de acompañar la débil condición humana que enferma, que sufre limitaciones, discapacidades, que muere y se duele.

Gracias por el corazón que podemos escuchar y cuyo dictado puede humanizar, en particular si lo ponemos en la mente y en las manos, para cuidar con entrañas de misericordia.

Gracias por las razones del corazón.

Amén.
San Camilo, ruega por nosotros.

13

La salud como armonía y responsabilidad

Oramos en clave de acción de gracias.

Padre bueno, gracias por la vida, y gracias por la salud como armonía y responsabilidad.

Hemos descubierto que la salud no se agota en el equilibrio físico producido por la ausencia de enfermedad, sino que tiene una dimensión cultural, comunitaria, cognitiva, relacional, emocional... Hemos descubierto que la salud tiene armonía en la vivencia de los valores; y tiene equilibrio espiritual, vinculado con la responsabilidad.

Somos responsables de cómo vivimos nuestra vida, de cómo nos cuidamos, de cómo cuidamos, prevenimos y cultivamos estilos de vida saludables, en sintonía con nuestro ser relacional y solidario.

Gracias por la armonía que logramos cuando nos comprometemos con la promoción de la salud individual y comunitariamente. Gracias por la armonía del cuerpo que resulta de la buena relación y cuidado de nuestra libertad.

Gracias por la salud como armonía.

Amén.
San Camilo, ruega por nosotros.

14

Los equipos

Oramos en clave de acción de gracias.

Padre bueno, gracias por la vida, y gracias por los equipos.

Gracias por los equipos humanos que logramos construir cuando los grupos se comprometen a interactuar de manera competente y apropiada para conseguir objetivos comunes.

Gracias por los equipos en los deportes, en las empresas, en los proyectos... Gracias por los equipos interdisciplinares que trabajan por la salud, que se apoyan y respetan para comprender la complejidad de la enfermedad y la multidimensionalidad del cuidar con el fin de que recuperemos la salud o para paliar los síntomas que nos hacen sufrir.

Gracias por los equipos que son más que la suma de las potencialidades de los individuos. Gracias por los equipos que logran afrontar sanamente los conflictos. Gracias por los equipos que son lugar de crecimiento de sus componentes.

Gracias por los equipos.

Amén.
San Camilo, ruega por nosotros.

15
Los sellos

Oramos en clave de acción de gracias.

Padre bueno, gracias por la vida, y gracias por los sellos.

Gracias por los sellos con los que ratificamos la autenticidad de los documentos, los timbres con los que damos oficialidad a escritos, acuerdos, nombramientos...

Deseamos que los vínculos humanos estén sellados por el sello del amor, el sello que más ennoblece las relaciones, los documentos vivientes que somos las personas, con nuestra biografía.

Anhelamos que el sello del amor defina la biografía de cada ser humano, comprometidos por dar autenticidad a cada relación y dignidad a cada vida, especialmente a las de los más frágiles y vulnerables.

Gracias por los vínculos sellados por el amor.

Amén.
San Camilo, ruega por nosotros.

16

La imparcialidad

Oramos en clave de acción de gracias.

Padre bueno, gracias por la vida, y gracias por la imparcialidad.

Gracias por la imparcialidad necesaria para juzgar, para promover la ecuanimidad y la justicia, la rectitud y el buen hacer.

Gracias por la imparcialidad que promueve la veracidad en las informaciones, en las valoraciones, en la ponderación, en la mirada a los demás, también a los que se equivocan.

Gracias por la imparcialidad que nos permite mantener la serenidad frente a las reacciones impulsivas y agresivas, que incomodan y generan desequilibrio y mal.

Gracias por la imparcialidad necesaria en la escucha, para ayudar a ponderar y decidir rectamente, justamente, éticamente.

Gracias por la imparcialidad.

Amén.
San Camilo, ruega por nosotros.

17

La compasión humanizadora

Oramos en clave de acción de gracias.

Padre bueno, gracias por la vida, y gracias por la compasión humanizadora.

La compasión es el motor del sentido de la justicia que busca y encuentra argumentos para construir un mundo a la altura de lo que merecen los seres humanos.

El vínculo compasivo que brota de lo más profundo del corazón es el que tiene potencial humanizador.

Necesitamos construir una sociedad compasiva, que no sea indiferente ante el sufrimiento del prójimo. La compasión, la razón del corazón, mueve a dar respuestas solidarias no solo en línea con la razón productiva, sino con la razón cordial, con el espíritu de finura que empuja a la humanidad a hacerse digna de este nombre, entrañable en el cuidado en la enfermedad, en el morir, en el duelo.

Gracias, Padre bueno, por las personas que humanizan con actitudes compasivas.

Amén.
San Camilo, ruega por nosotros.

18
Los que no son fundamentalistas

Oramos en clave de acción de gracias.

Padre bueno, gracias por la vida, y gracias por los que no son fundamentalistas.

Gracias por las personas que razonan, que argumentan, que saben fundamentar, sin entregarse a prejuicios o ciegas creencias no razonables ni razonadas.

Gracias por quienes son críticos con la razón, constructores de opiniones, criterios y valores, desde la argumentación, desde el dar razón de las convicciones que se pueden compartir, escuchar y debatir.

Gracias por los que piensan y nos regalan sus pensamientos en forma de filosofía, la cual nos ayuda a hacer política, a hacer ética, a buscar una vida buena y solidaria, compasiva y justa.

Gracias por los filósofos que nos ayudan a argumentar y a superar los fundamentalismos.

Amén.
San Camilo, ruega por nosotros.

19

La sombra

Oramos en clave de acción de gracias.

Padre bueno, gracias por la vida, y gracias por la sombra. Se proyecta tras los objetos por la luz del sol. La apreciamos cuando hace calor, nos incomoda en el frío.

Pero la sombra es también metáfora de protección de quien la regala, metáfora de humanidad –quien tiene mala sombra– metáfora de quien se expone poco y se queda sin la luz de la verdad.

La sombra es también metáfora de la parte oscura del ser humano, del cúmulo de experiencias oscuras, negativas o traumáticas vividas en nuestra vida, de las tendencias negativas de nuestra naturaleza humana.

Padre bueno, deseamos integrar nuestras sombras, hacerlas formar parte de nuestra vida con la luz de nuestra conciencia, con la voluntad de vivir equilibrados, pero en modo transparente, humanizados también por la fragilidad, por la humildad, por la cruz, por el pasado.

Gracias por las sombras.

Amén.
San Camilo, ruega por nosotros.

20

El primaverear

Oramos en clave de acción de gracias.

Padre bueno, gracias por la vida, y gracias por el primaverear.

Disfrutamos con los días soleados, con los primeros paseos que saben a primavera, con la promesa del nuevo renacer de la naturaleza, con la contemplación de los brotes que anuncian una explosión de vida.

Gracias por que podemos disfrutar de la naturaleza que, al renovarse, nos habla de vida joven, de triunfo sobre el adormecimiento, sobre el frío, sobre el recogimiento, sobre la muerte.

Gracias, Padre bueno, por poder sacar partido de la contemplación y el disfrute de la primavera en la naturaleza. Deseamos ser también nosotros primaveras para los demás, oportunidades nuevas de luz, de relación, de encuentro, de disfrute.

Gracias por el primaverear.

Amén.
San Camilo, ruega por nosotros.

21

El espíritu de finura

Oramos en clave de acción de gracias.

Padre bueno, gracias por la vida, y gracias por *l'esprit de finesse*, por el espíritu de finura.

Gracias por la delicadeza y sutilidad de la que somos capaces en nuestras conductas, en nuestras formas, en nuestras relaciones, en los programas que ponemos en marcha para humanizar nuestro mundo.

Gracias por que, siendo finos, delicados, podemos engendrar iniciativas y programas que constituyen una innovación entrañable en nuestro mundo, en particular en el mundo de las relaciones de ayuda, de solidaridad y de justicia.

El espíritu de finura saca de nosotros mismos lo más bello, lo excelente, lo que resulta de la empatía y la compasión usada al servicio de la humanización.

Gracias por el espíritu de finura del que somos capaces.

Amén.
San Camilo, ruega por nosotros.

22

Los buenos días

Oramos en clave de acción de gracias.

Padre bueno, gracias por la vida, y gracias por los buenos días.

Gracias por quienes nos dan los buenos días al empezar el día, la jornada laboral, la vida social, la vida de cuidadores o cuidados.

Gracias por que superamos la pereza del encuentro y del arrancar una vez más en las relaciones difíciles, y reconstruimos las heridas con nuestro «buenos días» para que hablen de perdón, de esperanza, de reconstrucción, de agradecimiento por las posibilidades que da el encuentro.

Gracias por el nuevo día que se convierte en oportunidad, en posibilidad de interés por los demás, en inicio de una nueva jornada de vida y relación, de emprendimiento reconciliado y comprometido.

Gracias por los buenos días.

Amén.
San Camilo, ruega por nosotros.

23

La satisfacción por compasión

Oramos en clave de acción de gracias.

Padre bueno, gracias por la vida, y gracias por la satisfacción por compasión.

Gracias por las cosas buenas que encontramos en las actitudes de cuidado personal y profesional. Gracias por el retorno de satisfacción que nos da toda conducta compasiva: los sentimientos positivos, los refuerzos emocionales y espirituales que sentimos al desplegar conductas de relación de ayuda.

Nos viene bien cuidar, porque nos devuelve satisfacción, experiencia positiva del bien, bien hecho, bienestar por socorrer al necesitado, gozo por ver la mejoría física, emocional o espiritual de aquel a quien ayudamos.

Gracias por regalarnos esta satisfacción por compasión, que es compatible con sentirnos también cansados de nuestras faenas de cuidar, de nuestras profesiones que nos ponen en relación con lo difícil y oscuro de la naturaleza humana.

Gracias por la satisfacción por compasión.

Amén.
San Camilo, ruega por nosotros.

24

Los santos de la salud

Oramos en clave de acción de gracias.

Padre bueno, gracias por la vida, y gracias por los santos de la salud.

Gracias por las personas que tenemos como referencia católica en el mundo de la salud, a quienes proclamamos como patronos. Gracias en particular por san Juan de Dios y san Camilo, patronos de enfermos, enfermeros y hospitales, que innovaron de manera ejemplar y excelente en el cuidado de las personas más frágiles. Los santos de la salud nos regalan ejemplaridad y motivación renovada para humanizar el modo de cuidar, para promover un trato a las personas delicado, excelente, respetuoso, compasivo, sin ningún maltrato o descuido.

Gracias por quienes han heredado de manera especial el patrimonio moral que san Camilo y san Juan de Dios nos dejaron en el siglo XVI y que acuden a ellos para escudriñar la sabiduría de los corazones apasionados por los que sufren a causa de cualquier tipo de enfermedad y esperan un corazón compasivo que les socorra y consuele.

Gracias por los santos de la salud.

Amén.
San Camilo, ruega por nosotros.

25

La esperanza en la resurrección

Oramos en clave de acción de gracias.

Padre bueno, gracias por la vida, y gracias por la esperanza en la resurrección.

Nos habita un anhelo profundo por el triunfo del bien y de la vida, un deseo profundo, una razón del corazón para confiar en ti, Padre bueno, como quien nos pondrá de pie firmemente, como lo haces cada vez que vencemos las dinámicas de la muerte.

Apostamos por un futuro que sea como lo ha soñado el pasado esperanzado, y nos empeñamos en construirlo en nuestro sencillo presente, oportunidad para trabajar por el porvenir.

Gracias por nuestra confianza en la bondad de la carne, de lo relacional, de lo concreto, de lo noblemente humano, que está llamado a desencadenar conductas divinas, que sepan a cielo, a superación del límite del espacio y del tiempo.

Proclamamos y vivimos nuestra fe en la resurrección porque nos comprometemos con la vida y la salud, con el cuidado y la compasión revitalizadora.

Gracias por la esperanza en la resurrección.

Amén.
San Camilo, ruega por nosotros.

26

La humanización como levadura

Oramos en clave de acción de gracias.

Padre bueno, gracias por la vida, y gracias por la humanización como levadura.

Miramos y vemos con gozo y satisfacción todas las iniciativas de humanización en el mundo de la salud y del sufrimiento humano. Las disfrutamos y apoyamos y nos parecen, en ocasiones, como hermosas guindas en el pastel del mundo de la salud, iniciativas de excelencia, acciones extraordinarias, fruto de la creatividad generadora de vida humana buena. Pero reconocemos que la humanización del mundo de la salud ha de ser la levadura de todo el tejido ético que se da cita en los sistemas de protección social y sanitaria. Deseamos que la mirada global dé como resultado dinámicas de justicia, accesibilidad, buen trato, eliminación de listas de espera, formación humanística, consideración multidisciplinar de la persona, equilibrio entre ciencia y conciencia.

Gracias, Padre bueno, por la levadura de la humanización que impedirá la colonización tecnológica y la economización de la asistencia sanitaria.

Gracias por la humanización.

Amén.
San Camilo, ruega por nosotros.

27

Los brotes de primavera

Oramos en clave de acción de gracias.

Padre bueno, gracias por la vida, y gracias por los brotes de primavera.

Gracias por todas las promesas de desarrollo y vida, de flor, hojas y fruto; de recuperación de la hermosura de los árboles y arbustos. Vemos en los brotes la expresión del poder de la vida, el misterio de la belleza y bondad de lo creado, el regalo de lo que tiene su ley de desarrollo productivo en sí mismo.

Gracias por los brotes de primavera que nos resultan hermosos, admirables, evocadores de lo que podemos ser también las personas: capaces de brotar de nuevo, dar frutos nuevos, ornamentar el mundo con la belleza interior que se manifieste para los demás.

Anhelamos profundamente que nazcan en nosotros brotes de paz, en lo cercano y en lo lejano, en los niveles de proximidad y entre todos los seres humanos y países. Anhelamos hondamente que nazcan en nosotros brotes de virtudes que nos hagan llevar una vida buena, por virtuosa; una vida buena, por bella; una vida buena, por regalada.

Gracias por los brotes de primavera.

Amén.
San Camilo, ruega por nosotros.

28

Los hospitales que se actualizan

Oramos en clave de acción de gracias.

Padre bueno, gracias por la vida, y gracias por los hospitales que se actualizan.

Gracias por los hospitales, lugares y equipos de profesionales que conjugan los verbos *diagnosticar, cuidar, curar, paliar, prevenir, rehabilitar...* que son concentrado de ternura hecha profesión de salud.

Gracias por los hospitales que se actualizan, que innovan, que renuevan sus estructuras, que amplían sus servicios para alcanzar a todos por igual, para expresar lo mejor de la tecnología en la asistencia sanitaria. Deseamos que los hospitales sean buenos, modernos, renovados, acogedores, que expresen la naturaleza de acogida hospitalaria que los ha de definir. Que la hospitalidad sea su carisma, su identidad, su bondad. Que inspiren seguridad y confianza, limpieza y armonía, respeto y deseo de salud.

Gracias por los hospitales que, al actualizarse, miran al ser humano en su naturaleza compleja y en sus dimensiones relacionales, emocionales y valóricas. Que no se conviertan en talleres de reparación o en fábricas de salud.

Gracias por los hospitales que se actualizan.

Amén.
San Camilo, ruega por nosotros.

Los programas de desadicción

Oramos en clave de acción de gracias.

Padre bueno, gracias por la vida, y gracias por los programas de desadicción.

Gracias por todas las personas y programas contra las adicciones, que generan dependencia y dañan la libertad y la salud y acompañan en su liberación a los adictos.

Gracias por todos aquellos que estudian las conductas de adicción a sustancias, al juego, a la pornografía, al trabajo, a internet, al alcohol... Soñamos con un mundo libre y responsable, sin todo aquello que destruye la salud y la libertad. Un mundo sin adictos a conductas que dañan y deterioran la integridad humana. Gracias por los especialistas del comportamiento adictivo que diseñan estrategias de prevención, acompañamiento y deshabituación para recuperar a las personas heridas por drogodependencias y otras adicciones.

Gracias, Padre bueno, por quienes logran activar las motivaciones para salir de las dinámicas esclavas e indignas de las adicciones.

Gracias por los programas de superación de las adicciones.

Amén.
San Camilo, ruega por nosotros.

30

La paz lograda

Oramos en clave de acción de gracias.

Padre bueno, gracias por la vida, y gracias por la paz lograda.

Anhelamos profundamente un mundo de paz, de ausencia de guerra y destrucción.

Sabemos, por la historia y por nuestra experiencia en diferentes grados, lo absurda y destructiva que es la guerra. Nos hace daño a todos, provoca la muerte a muchos, deja personas empobrecidas y con discapacidad marcadas para siempre, produce trastornos en la salud mental... Nos horroriza la guerra.

Padre bueno, deseamos trabajar nuestros pensamientos y conductas para que construyan paz, no rencor. Deseamos controlar las ansias de poder y dominación sobre otros, que, en ocasiones, son visibles en nuestro pequeño mundo, en nuestras relaciones.

Gracias, Padre bueno, por regalarnos el valor del perdón, de la humildad y la reconciliación, necesarios para trabajar por la paz, para parar las guerras y desechar la violencia de nuestro mundo, que nos avergüenza.

Gracias por la paz con la que nos comprometemos.

Amén.
San Camilo, ruega por nosotros.

31

El primerear

Oramos en clave de acción de gracias.

Padre bueno, gracias por la vida, y gracias por el primerear.

Nos damos cuenta de la bondad de primerear, de tomar la iniciativa, del comportamiento prosocial, de la creatividad, de la agilidad en las respuestas, de la innovación de las propuestas.

Acogemos las invitaciones a primerear, a ser diligentes y prontos en conductas de humanización, de construcción de un mundo compasivo y solidario.

No apoyamos temperamentos perezosos, cómplices, lentos en las respuestas, no preventivos, fruto de la acidia y la pasividad, temerarios.

Gracias por las personas que son ejemplares en primerear. Regálanos el coraje del emprendimiento y la iniciativa, de las respuestas ágiles y buenas ante los desafíos que encontramos en nuestra proximidad de vida.

Gracias por el potencial de primerear que nos has dado y con el que nos comprometemos apasionadamente.

Amén.
San Camilo, ruega por nosotros.

32

La mirada global

Oramos en clave de acción de gracias.

Padre bueno, gracias por la vida, y gracias por la mirada global.

Gracias por que nos permites, en ocasiones, darnos cuenta de que no somos islas, de que existen los lejanos, los otros pueblos, los otros continentes, los otros...

Deseamos cultivar una mirada global en nuestra cotidianeidad, para levantar los ojos de lo próximo y trabajar por una justicia que alcance al universo, una fraternidad que no se conforme con los de al lado, una promoción de la dignidad de todas las personas, por encima de sus características de geolocalización.

Gracias, Padre bueno, porque nos regalas la perspectiva, la posibilidad de alzar los ojos y darnos cuenta de las dinámicas que caracterizan el fondo, no solo la superficie. Gracias por que nos permites descubrir el sentido, las verdades que en ocasiones ocultamos, el narcisismo y el egoísmo que pueden hacernos ver solo nuestro mundo de cercanía o nuestro mundo del instante.

Gracias por darnos perspectiva y mirada global, que deseamos utilizar para humanizar.

Amén.
San Camilo, ruega por nosotros.

33

Los retiros

Oramos en clave de acción de gracias.

Padre bueno, gracias por la vida, y gracias por los retiros.

Gracias por los encuentros y reuniones en clave de reflexión y oración, de silencio meditativo o que favorecen el desarrollo humano y espiritual.

Gracias por las personas que organizan, convocan, dirigen o asisten iniciativas de retiro en casas especializadas, en grupos e instituciones, en la montaña o en la ciudad... Gracias por la dinámica de los retiros que suponen hacer la paz con la improductividad, con la necesidad de ver con enfoque, de escucharse a uno mismo, de descansar, de repasar la propia vida y cargar las pilas de fraternidad y pasión.

Gracias por los retiros que hacen compañeros y compañeras juntos, signo de compartir también la fe, las motivaciones más genuinas, los compromisos por alimentarse de la Palabra y de renovar las razones del corazón que nos pueden hacer felices y solidarios.

Gracias por los retiros.

Amén.
San Camilo, ruega por nosotros.

34

El espíritu de compasión

Oramos en clave de acción de gracias.

Padre bueno, gracias por la vida, y gracias por el espíritu de compasión.

Gracias por la dinámica que has puesto en nuestras entrañas, que nos hace ver y conmovernos ante el mal ajeno, sentir ardientemente el deseo de hacer el bien, desencadenar conductas de alivio del mal del prójimo y comprometer a otros en las respuestas solidarias.

Gracias, Padre bueno, por darnos entrañas de misericordia, corazones sentientes y pensantes, que nos mueven a compasión, a ayudar. Gracias por las entrañas inquietas y que saben cuidar con competencia, no solo con emotividad.

Gracias por que nos regalas también la posibilidad de cuidar la formación del corazón, para que las respuestas de caridad sean adecuadas y eficaces, suficientemente profesionales como para no hacer daño, sino hacer bien el bien.

Gracias por el espíritu de compasión.

Amén.
San Camilo, ruega por nosotros.

35

Los musicales

Oramos en clave de acción de gracias.

Padre bueno, gracias por la vida, y gracias por los musicales.

Gracias por el teatro que reúne profesionales de la escena y la música y hace obras de arte que producen bienestar, promueven la cultura, permiten el ocio y el descanso cultivando valores estéticos y virtudes bellas.

Gracias por quienes trabajan en los musicales, quienes no se muestran, pero con su esfuerzo y profesionalidad permiten el disfrute escenográfico y la belleza, el equilibrio y la armonía de las funciones.

Gracias por todos los artistas de teatro que, al trabajar en él, muestran dinámicas humanas de virtud y también de deshumanización, y nos ayudan a visualizar los caminos del bien y la bondad.

Gracias por quienes, al cuidar el ocio, promueven conductas sanas, sin daño para la naturaleza ni para los demás.

Gracias por los teatros musicales.

Amén.
San Camilo, ruega por nosotros.

36

Los libros de humanización

Oramos en clave de acción de gracias.

Padre bueno, gracias por la vida, y gracias por los libros de humanización.

Gracias por quienes expresan en libros los ideales tensionales que pueden ayudarnos a construir un mundo mejor, más justo, compasivo, solidario y sano.

Gracias por quienes siguen creyendo en la bondad de los libros para generar cultura, para apoyar acciones formativas, para fundamentar acciones sólidas de humanización.

Gracias por aquellos que trabajan en los procesos de producción y distribución de los libros, que los seleccionan, elaboran, distribuyen, aconsejan, regalan o apoyan, en particular por los que afrontan directamente las temáticas de la humanización de la salud y del sufrimiento humano.

Gracias por quienes, al usar los libros, dan cuerpo sólido y generan pensamiento crítico en torno a la necesidad de hacer amable y tierno el mundo sanitario.

Gracias por los libros de humanización.

Amén.
San Camilo, ruega por nosotros.

37

La amistad fiel

Oramos en clave de acción de gracias.

Padre bueno, gracias por la vida, y gracias por la amistad fiel.

Gracias por la amistad como expresión libre de las relaciones. Gracias por la amistad que genera compartir, conversar, compenetrarse, respetarse recíprocamente y de manera fiel e incondicional.

Gracias por la amistad resultante de nuestra libertad al elegir, de nuestro buen gusto al encontrarnos recíprocamente. Gracias por el amor al diálogo y al cuidado del tiempo de calidad que nos hace más humanos.

Gracias, Padre bueno, por el deleite de la relación confiada, por el bálsamo de la amistad para los momentos difíciles, gracias por la virtud que cualifica las relaciones confiadas y sostenidas de la amistad genuina, consolatoria, que mata la soledad emocional y construye bondad y bien.

Gracias por la amistad fiel.

Amén.
San Camilo, ruega por nosotros.

38

La sana autocompasión

Oramos en clave de acción de gracias.

Padre bueno, gracias por la vida, y gracias por la sana autocompasión.

Gracias por la mirada buena de las personas a sí mismas, gracias por la estima justa que es resultado de una sana autopercepción. Gracias por el autocuidado equilibrado, que se da la mano con el cuidado a los demás, con el respeto a uno mismo y a quien convive o nos necesita.

Gracias por el autocuidado proporcionado, gracias por la mirada ponderada a uno mismo, la que no refuerza el narcisismo, ni el egoísmo, ni la indiferencia hacia los demás, sino que genera una vida sana, solidaria, prosocial, pero también de estima por la propia vida, por el equilibrio entre pensar en los demás y respetar la propia vida.

Gracias por la posibilidad que tenemos de cuidar nuestros pensamientos, nuestras conductas, nuestro cuerpo, nuestras emociones, nuestro espíritu, de una manera que nos permita una sana ecología personal y relacional.

Gracias por la sana autocompasión.

Amén.
San Camilo, ruega por nosotros.

39

Las caricias tiernas

Oramos en clave de acción de gracias.

Padre bueno, gracias por la vida, y gracias por las caricias tiernas.

Gracias por que podemos acariciarnos, porque podemos hacer ceremonias de contacto y encuentro entrañable, que encarnan, contactan, permiten tocar suavemente al otro, infundir bienestar, reconocimiento, bondad.

Gracias por que la caricia podemos vivirla con libertad, con intencionalidad, con responsabilidad y solidaridad, en su ritmo lento, calmoso, que renueva el espíritu por la vía sensible del contacto.

Gracias por la caricia que no es agarre, ni violencia, sino esencia de sensibilidad entrañable, especialmente ante la fragilidad del otro. Gracias por la expresión del consuelo mediante la caricia, gracias por la caricia que reconstruye el ánimo, que estimula el bienestar, que conforta en la aflicción, que reconcilia en el perdón.

Gracias por la caricia que humaniza.

Amén.
San Camilo, ruega por nosotros.

40

Los profesores de Medicina

Oramos en clave de acción de gracias.

Padre bueno, gracias por la vida, y gracias por los profesores de Medicina.

Gracias por quienes transmiten pasión por el ser humano sufriente, enfermo, que muere. Gracias por el empeño que ponen en amar la salud, cuidar la salud y atender a los enfermos.

Gracias, Padre bueno, por los profesores de Medicina que aceptan que la vida es un misterio y transmiten un respeto sagrado a las personas a las que exploran, diagnostican, intervienen, curan...

Gracias por los profesores de Medicina humanistas, que son reflexivos con ayuda de la filosofía y la antropología, con las que escudriñan las dinámicas que enferman y sanan.

Gracias por los profesores de Medicina que aman la tecnología y la usan con criterios éticos al servicio de la salud.

Gracias por los profesores de Medicina.

Amén.
San Camilo, ruega por nosotros.

41

Los productos higiénicos

Oramos en clave de acción de gracias.

Padre bueno, gracias por la vida, y gracias por los productos higiénicos.

Utilizamos productos elaborados para nuestra higiene y nuestra salud. Podemos limpiar, desinfectar, suavizar, dar buen olor... al cuerpo humano, a la ropa, a los lugares... y así cuidamos la salud y honramos la vida humana.

Gracias por los productos higiénicos que utilizamos de manera comedida para tratar el cuerpo humano como templo del espíritu, como bueno y digno para nosotros mismos y para los demás.

Gracias por todo lo que nos ayuda a cuidar el cuerpo para que esté sano y sea agradable.

Amén.
San Camilo, ruega por nosotros.

42

Las buenas prácticas

Oramos en clave de acción de gracias.

Padre bueno, gracias por la vida, y gracias por las buenas prácticas.

Gracias por los ejemplos de buena praxis que sirven de referencia sobre cómo cuidar bien y sobre cómo realizar procesos de manera adecuada y constructiva.

Gracias por las buenas prácticas que se difunden en las narrativas, en las grabaciones, en los encuentros culturales, en los lugares de socialización de la investigación y de la innovación.

Gracias por las buenas prácticas que se proponen como ejemplo atractivo, seductor del bien; como propuestas de protocolos y actitudes que inspiran humanización de la atención, de los programas, del buen hacer.

Gracias por las buenas prácticas que son buenas noticias humildes, que transmiten el bien por el camino de la experiencia y el testimonio.

Gracias por las buenas prácticas.

Amén.
San Camilo, ruega por nosotros.

43

La escucha de los que sufren

Oramos en clave de acción de gracias.

Padre bueno, gracias por la vida, y gracias por la escucha de los que sufren.

Gracias por la disposición a la hospitalidad compasiva de quienes encuentran en la narrativa una liberación, un modo de ordenar lo que sienten, lo que piensan, el modo concreto de sufrir.

Gracias por regalarnos la escucha activa con su poder terapéutico, con su potencial empático, que permite escudriñar, seleccionar, ordenar, confrontar, consolar.

Gracias por el consuelo que nos viene de sabernos escuchados, sin descalificaciones, sin juicios, con compromiso por hacernos dueños de nuestro vivir el sufrimiento empoderados, iluminados, responsables.

Gracias por los que escuchan en el sufrimiento y se entrenan, se supervisan, investigan y aprenden continuamente para aumentar la competencia narrativa.

Gracias por la escucha de los que sufren.

Amén.
San Camilo, ruega por nosotros.

44

Las heridas sanadas

Oramos en clave de acción de gracias.

Padre bueno, gracias por la vida, y gracias por las heridas sanadas.

Gracias por todos los que, de alguna manera, se empeñan en curar las heridas de los demás, las del cuerpo, pero también las del corazón, las del alma; las heridas que producen los desencuentros, los traumas, las crisis, las pérdidas.

Gracias por quienes sienten vocación de reparadores de heridas, ayudadores de la difícil tarea de reconstruir los tejidos del mundo emocional, valórico y espiritual.

Gracias por la tarea entrañable del acompañamiento en la reparación de quien se empeña en comprender, en ayudar a poner orden, a conectar el sufrir con los valores profesados, anhelados, en clave de esperanza y compromiso.

Gracias, Padre bueno, por los reparadores de heridas.

Amén.
San Camilo, ruega por nosotros.

45

Las palabras

Oramos en clave de acción de gracias.

Padre bueno, gracias por la vida, y gracias por las palabras.

Gracias por las palabras que nos regalas en las que encarnamos nuestro pensar, nuestro sentir, nuestros valores y aspiraciones más hondas.

Gracias por las palabras que pronunciamos para hacer el bien, para consolar, para ayudar; esas palabras que, una vez dichas, ya no nos pertenecen.

Gracias por las palabras graciosas, las que dan con la clave, las que refuerzan, las que iluminan, las que –por nombrar una parte de la verdad– confrontan y abren caminos de afrontamiento correcto y oportuno de las dificultades.

Gracias por las palabras bonitas, con las cuales disfrutamos y nos acariciamos y reconocemos recíprocamente, con las que hacemos obras de arte.

Gracias por las palabras tan cargadas de sabiduría y buena noticia que nos regalas en la Sagrada Escritura, fuente inagotable de camino humanizador.

Gracias por las palabras.

Amén.
San Camilo, ruega por nosotros.

46

La Semana Santa

Oramos en clave de acción de gracias.

Padre bueno, gracias por la vida, y gracias por la Semana Santa.

Gracias por regalarnos la semana en que celebramos el misterio del amor fraterno, el misterio de la cruz, el misterio del triunfo de la vida y del amor sobre la muerte, el misterio pascual.

Gracias por regalarnos la pedagogía de la Semana Santa. Deseamos no ir al domingo en nuestras relaciones y acompañamientos, no ir al domingo celebrativo y de superación, sin antes pararnos suficientemente, amorosamente, fraternamente, a contemplar el sufrimiento de nuestros hermanos y el propio.

Gracias por regalarnos la pedagogía de la Semana Santa. Deseamos no ir al domingo festivo sin aceptar antes el misterio de las cruces del mundo, tan reales como actuales, y sin hacer un imprescindible silencio ante él, antes de pronunciar palabra.

Gracias por regalarnos la pedagogía de la Semana Santa.

Amén.
San Camilo, ruega por nosotros.

47

La celebración del misterio de la Pascua

Oramos en clave de acción de gracias.

Padre bueno, gracias por la vida, y gracias por la Semana de celebración del misterio de la Pascua.

Al vivir sanamente la Semana Santa, gozamos de la oportunidad de pararnos ante el mundo, ante nuestro mundo personal y relacional, y preguntarnos sobre las posibilidades de apoyarlo en la fraternidad auténtica, en el empeño por liberarlo de todo sufrimiento evitable, de toda soledad no deseada y sufrida.

Gracias por regalarnos la posibilidad de caminar juntos en nuestros caminos hacia las consecuencias de la coherencia llevada al extremo que, en ocasiones, son cruces.

Gracias por permitirnos acompañar a quien vive sus últimos días con su cruz, con su sufrimiento indeseado, fruto del daño que nos podemos hacer unos a otros.

Gracias, Padre bueno, por que podemos cuidar a quien carga con su cruz, mientras intentamos que sea llevadera, liviana, paliada; que sea evitada en todo lo evitable.

Gracias por que celebramos el misterio pascual.

Amén.
San Camilo, ruega por nosotros.

Los valores celebrados

Oramos en clave de acción de gracias.

Padre bueno, gracias por la vida, y gracias por los valores celebrados.

Gracias por todas las claves de valor que encarnamos en nuestra vida, desde la compasión, la justicia, el amor, el servicio, la solidaridad, la prudencia, la belleza, la moderación, la paz... y también por que somos capaces de celebrarlo.

Te agradecemos la posibilidad de tener en nuestras vidas momentos celebrativos que permiten simbolizar, visibilizar, realizar, iluminar, honrar... las grandes verdades de nuestras dinámicas humanas.

Sabemos que lo que no se celebra se desvanece. Por eso, celebramos con gusto los valores que más dignifican nuestra vida y más claramente le dan sentido porque la humanizan.

Gracias por los valores celebrados.

Amén.
San Camilo, ruega por nosotros.

49

Los caminos reparados

Oramos en clave de acción de gracias.

Padre bueno, gracias por la vida, y gracias por los caminos reparados.

Gracias por los senderos y caminos que han sido reparados tras su deterioro.

Gracias por que hay voluntad y empeño en reparar los caminos, en particular, los caminos que hablan de nuestra vida, de nuestra historia; esos caminos que evocan nuestras opciones, nuestras historias vinculares, nuestras actividades solidarias y de compromiso por la humanidad.

Deseamos tener ayuda y ayudar a reparar los baches de los caminos, para poder transitar por las opciones de nuestra vida con firmeza, con convicción, con el gozo de ser fieles a las voluntades que hemos expresado ante nosotros mismos, ante los demás, ante ti mismo.

Gracias por quienes se dedican a ayudar a reparar los caminos, quienes son expertos en allanar los senderos, quitando las asperezas, recuperando los aceites del diálogo y la voluntad firme de fidelidad para continuar hacia las metas propuestas.

Gracias por los caminos reparados.

Amén.
San Camilo, ruega por nosotros.

50

El amor fraterno

Oramos en clave de acción de gracias.

Padre bueno, gracias por la vida, y gracias por el amor fraterno.

Gracias por que nos regalas la posibilidad de vivir el amor en sus múltiples expresiones. Lo experimentamos en las familias, en las comunidades, en las parejas, con nosotros mismos, contigo, Padre bueno, en nuestra intimidad; pero lo experimentamos también como amor fraterno que deseamos cultivar para con todas las criaturas.

Gracias por que podemos celebrar el amor fraterno que se concreta en actitudes de servicio y ayuda en el sufrir. Gracias por la diligencia que vivimos en la solidaridad, gracias por los corazones ablandados y encendidos ante el sufrir del prójimo, empeñados en sanar heridas y ayudar en el sufrir.

Gracias por el amor fraterno que nos levanta la mirada más allá de nuestra proximidad, pero que también nos hace pensar en los hermanos y en aquellos a quienes queremos nombrar hermanos nuestros para vivir relaciones de cuidado.

Gracias por la fraternidad.

Amén.
San Camilo, ruega por nosotros.

51

Los sacerdotes

Oramos en clave de acción de gracias.

Padre bueno, gracias por la vida, y gracias por los sacerdotes.

Gracias por quienes se han dejado consagrar al servicio de las comunidades cristianas para cuidarlas con su presidir, con su servicio, con su proximidad, con su liderazgo en la caridad, con su unción.

Gracias por los presbíteros que cuidan a las comunidades, que oran la palabra de Dios antes de comentarla, que cultivan ricamente su vida espiritual para pastorear los grupos y motivar a vivir fiel y coherentemente como seguidores de Jesús.

Gracias por los presbíteros, sanadores heridos, que se dejan ayudar para mantenerse en la causa del Reino, que se cultivan en formación continua, abierta siempre a las novedades de la inculturación del Evangelio.

Gracias por los presbíteros tiernos y entrañables que construyen Iglesia.

Amén.
San Camilo, ruega por nosotros.

52

El camino del amor, que tiene cruz

Oramos en clave de acción de gracias.

Padre bueno, gracias por la vida, y gracias por el camino del amor, que tiene cruz.

Gracias por el camino del amor y de la fidelidad, que es también de cruz. Deseamos que no haya cruces de condenados, cruces de excluidos, cruces de pobres, cruces de enfermos que podrían haberse curado, cruces de sufrimientos evitables. No queremos la cruz que evoca la injusticia y la necesidad de humanización.

Gracias, Padre bueno, por los caminos del amor que, aunque comportan cruz, se mantienen fieles a la misión de eliminar cruces. Gracias por todo el empeño humano por superar toda forma de sufrimiento evitable. Gracias por quienes abrazan la cruz porque han abrazado el compromiso firme de trabajar por un mundo de amor y de servicio, de cuidado y de eliminación de cruces injustas.

Gracias, Padre bueno, por el camino del amor que tiene cruz.

Amén.
San Camilo, ruega por nosotros.

53

El silencio

Oramos en clave de acción de gracias.

Padre bueno, gracias por la vida, y gracias por el silencio.

Gracias por el silencio que aceptamos como falta de respuestas, el silencio ante lo que no comprendemos, el silencio de contemplación ante el sufrimiento, el silencio de la impotencia ante tanto sufrimiento en el mundo, el silencio de apertura a la esperanza de tu última palabra.

Gracias, Padre bueno, por que en el silencio te encontramos a ti, que nos cuidas en nuestra espera y nos proclamas el triunfo de la luz sobre toda forma de tiniebla y oscuridad.

Gracias, Padre bueno, por la esperanza cierta de que cantaremos aleluyas de gozo que nos confirman el amor como contenido de nuestra esperanza.

Gracias por el silencio pascual.

Amén.
San Camilo, ruega por nosotros.

54

La belleza del amor

Oramos en clave de acción de gracias.

Padre bueno, gracias por la vida, y gracias por la belleza del amor.

Celebramos la luz, celebramos el amor, celebramos nuestra fe, que nos mueve a hacer el bien y a vivir una vida buena, solidaria y disfrutada porque es regalada.

Gracias, Padre bueno, por la belleza de todo gesto de ternura generador de relaciones bondadosas, humanizadoras, luminosas.

Gracias por la belleza del amor que se hace servicio y cuidado a las personas más frágiles de nuestro alrededor, produciendo empoderamiento, integración, salud relacional.

Gracias por la belleza del amor hacia los que no se presentan tan amables a primera vista, tan atractivos, sino que están necesitados de cuidados que sostengan su vida y el sentido de su vida.

Gracias por la belleza del amor.

Amén.
San Camilo, ruega por nosotros.

55

La Pascua

Oramos en clave de acción de gracias.

Padre bueno, gracias por la vida, y gracias por la Pascua.

Gracias por la fiesta central de los cristianos, en la que celebramos el poder del amor que da vida sin fin, la belleza de ser sacado de las situaciones de malestar y sufrimiento, la esperanza de que la última palabra no está en el vacío, sino en el amor.

Gracias por todos los signos de los que somos capaces para representar el atractivo de la vida, la confianza en tu presencia, la apuesta por los dinamismos de superación.

Gracias por las personas que logran testimoniar la experiencia de la resurrección como apuesta por el reinado de la fraternidad universal, de la superación de todo comportamiento de daño que genera sufrimiento y muerte.

Gracias, Padre bueno, por que nos atrae la esperanza activa en la Pascua, en el paso de la vida de cruz hacia la luz del amor y el buen vivir en ti.

Gracias por la Pascua.

Amén.
San Camilo, ruega por nosotros.

56

La luz de la Pascua

Oramos en clave de acción de gracias.

Padre bueno, gracias por la vida, y gracias por la luz de la Pascua.

Gracias por que nos regalas una referencia para caminar en nuestra cotidianeidad, irradias luz en nuestro caminar en medio de las dificultades, nos infundes esperanza en la superación de lo que nos hace sufrir, nos motivas a abandonar las conductas que generan daño, nos levantas cuando caemos o hacemos caer en las tentaciones que no nos humanizan ni nos hacen felices.

Gracias, Padre bueno, por la luz de la Pascua que nos sirve de símbolo, que miramos como provocación, como referente en las tinieblas, como agarradero en la experiencia de deriva, como esperanza en la desolación.

Gracias por la luz que nos simboliza tu presencia, la cual vemos humilde en las velas y cirios, pero viva y evocadora, iluminadora e inspiradora para nuestros corazones necesitados de horizonte luminoso.

Gracias por la luz de la Pascua.

Amén.
San Camilo, ruega por nosotros.

Los aniversarios y celebraciones

Oramos en clave de acción de gracias.

Padre bueno, gracias por la vida, y gracias por los aniversarios y celebraciones.

Gracias por los actos comunitarios, reuniones y fiestas que hacemos en las celebraciones, significando aspectos relevantes de nuestro vivir, de nuestra historia, de nuestras creencias y convicciones.

Gracias por que celebramos y nos conectamos así con los demás, con la energía de lo que humaniza, con la memoria de nuestro pasado, con las claves de la fe.

Al celebrar, nos reforzamos en la esperanza, nos unimos en la comunión, nos reforzamos en las creencias. Nos humaniza celebrar incluso la muerte, simbolizar el paso y el encuentro con lo misterioso, con los demás, con los antepasados.

Gracias por el regalo de habernos creado celebrativos.

Amén.
San Camilo, ruega por nosotros.

58

La dulzura

Oramos en clave de acción de gracias.

Padre bueno, gracias por la vida, y gracias por la dulzura.

Gracias por el sabor dulce de los alimentos, que nos agrada. Gracias por la dulzura que transmite suavidad y placidez, delicadeza y ternura en las relaciones que se tornan agradables y humanizadoras.

Gracias por la dulzura en los modales, en los gestos, en el uso del cuerpo, en las palabras, en el uso de los símbolos y signos.

Gracias por la dulzura que habla de entrañas de respeto, de relaciones maduras y equilibradas, de caricia que refuerza y promueve la diferencia y la identidad en relación.

Gracias por los modales que son capaces de ablandar en las tensiones, mediar en los conflictos, bajar los humos en las dificultades, motivar en los desánimos. Gracias por la dulzura en las personas de Iglesia, en la vida pública, en el trabajo, en la calle...

Gracias por la dulzura.

Amén.
San Camilo, ruega por nosotros.

59

La incumbencia

Oramos en clave de acción de gracias.

Padre bueno, gracias por la vida, y gracias por la incumbencia.

Gracias por que nos sentimos comprometidos con el género humano, el mundo animal y la naturaleza. Gracias por que has sembrado en nosotros que nos importe la vida del prójimo, haciéndonos corresponsables, solidarios y comprometidos con nuestro devenir y el de los demás.

Gracias por que sentimos que nos incumbe la vida de los otros, particularmente en sus precariedades y sufrimientos, sus límites y desafíos. Nos incumbe con respeto de su libertad y su responsabilidad, pero también con nuestro compromiso por humanizar.

Gracias por la incumbencia como expresión de nuestra conducta voluntaria, altruista, compasiva. Deseamos y nos comprometemos a hacernos cargo no solo de nuestra individualidad, sino de la vida de nuestro prójimo. Queremos ser respetuosos sin invadir los espacios que no nos corresponden en lo organizativo, pero somos solidarios con las vicisitudes de cada miembro del género humano.

Gracias por la incumbencia.

Amén.
San Camilo, ruega por nosotros.

60

La ternura

Oramos en clave de acción de gracias.

Padre bueno, gracias por la vida, y gracias por la ternura.

Sabemos que, si solo tenemos justicia, sin ternura, somos injustos.

Nos damos cuenta de que la ternura no es solo aplicable a los niños y a la intimidad. Sabemos que la ternura es requerida desde la vulnerabilidad.

Sentimos que la ternura genera paz y solidaridad en la fragilidad del otro. Soñamos con la ternura como paradigma de cuidado, expresada de una y mil maneras. Valoramos la ternura en la atención a los enfermos, a los débiles, a quienes se encuentran al final de la vida. Pensamos en la ternura en casa, en los colegios, en la calle, en el hospital, en las residencias, en la cárcel, en el trabajo, en la vida...

Padre bueno, gracias por la ternura que has tenido con nosotros en tu creación y en tu acompañamiento en nuestra vida, y gracias por hacernos seres potenciales de ternura como expresión de respeto y como paradigma ético de relación y de sensatez.

Gracias por la ternura.

Amén.
San Camilo, ruega por nosotros.

61

La madurez espiritual

Oramos en clave de acción de gracias.

Padre bueno, gracias por la vida, y gracias por la madurez espiritual.

Sentimos el desafío de vivir sanamente el mundo de los valores, de las relaciones, de las creencias y convicciones, de las religaciones saludables.

Gracias por que nos regalas la posibilidad de ser más humanos cuidando nuestro interior y nuestra fe que humaniza.

Deseamos hondamente que nuestro ser espiritual, la vida del corazón, sea espacio de madurez, de equilibrio, de vida compasiva. No deseamos posicionamientos fundamentalistas, cerrados, opacos, mutiladores de la libertad, moralizantes o *culpógenos*, dificultadores del diálogo y de la apertura.

Gracias, Padre bueno, porque nos regalas la posibilidad de crecer en nuestro interior y ser ricos en vida espiritual que hace felices y competentes en las relaciones bondadosas.

Gracias por la madurez espiritual.

Amén.
San Camilo, ruega por nosotros.

62

Los moribundos

Oramos en clave de acción de gracias.

Padre bueno, gracias por la vida, y gracias por los moribundos.

Gracias por quienes, al llegar al final de la vida, nos regalan la posibilidad de acompañarlos, nos permiten contemplar la gran verdad de la finitud, la humildad de tener que cerrar toda biografía.

Gracias por quienes, en su lecho final, nos devuelven la conciencia iluminada de lo que es vivir bien, en paz, en bondad, perdonando y agradeciendo, pidiendo perdón y ennobleciendo la dignidad humana con libertad y responsabilidad.

Gracias por las personas que, al final de la vida, son capaces de celebrar el amor y tu presencia, tu gracia, tu ternura, con la belleza y la amabilidad de la Unción de enfermos.

Gracias por quienes nos humanizan desde la llegada a la meta vital.

Amén.
San Camilo, ruega por nosotros.

63

Los caleidoscopios

Oramos en clave de acción de gracias.

Padre bueno, gracias por la vida, y gracias por los caleidoscopios.

Gracias por que podemos ver en colores, percibir la riqueza y variedad de tonalidades adoptando diferentes enfoques.

Gracias por que la magia de los colores nos ayuda a apreciar la riqueza de estímulos que caracteriza a la realidad, los matices que le dan variedad y belleza.

Deseamos ver el mundo en sus tonos diferentes, variados, comprendiendo la diversidad y aceptando las diferencias. Las apreciamos cuando honran la dignidad humana y cuando nos regalan alternativas y complementariedades de valor.

Gracias, Padre bueno, por la bondad de la belleza que admiramos en las cosas. La queremos admirar y respetar también en las personas.

Gracias por los colores de los caleidoscopios.

Amén.
San Camilo, ruega por nosotros.

64

Las enfermeras que cuidan a los mayores

Oramos en clave de acción de gracias.

Padre bueno, gracias por la vida, y gracias por las enfermeras que cuidan a los mayores.

Gracias por los enfermeros y enfermeras que trabajan también para cuidar a las personas mayores, a quienes viven en residencias, a los que están muy frágiles y sufren deterioros de diferente tipo.

Gracias por los profesionales de enfermería que, al cuidar a los mayores, deciden generar bienestar, salud, vida con calidad y sentido, apreciando las biografías que se expresan en el pasado recordado y significante.

Gracias por las enfermeras especialistas en geriatría, que trabajan a domicilio, en residencias o en hospitales, que aman la profesión y son entrañablemente exquisitas en el cuidado a los mayores.

Gracias por las enfermeras que cuidan a los mayores.

Amén.
San Camilo, ruega por nosotros.

65

La conciencia de culpa

Oramos en clave de acción de gracias.

Padre bueno, gracias por la vida, y gracias por la conciencia de culpa.

Gracias por que nos has regalado la posibilidad de darnos cuenta del mal que hemos podido cometer, del daño que hacemos con nuestras conductas, con nuestras omisiones y con nuestras palabras.

Gracias por que, al aceptar la culpa, al sentirnos mal por haber transgredido algunos valores, nos dejamos activar por mecanismos de cambio, de arrepentimiento, de reparación, de propósito firme de abandonar las conductas que generan daño.

Gracias, Padre bueno, por la conciencia de culpa, que nos permite ser sensibles ante al sufrimiento de las víctimas de nuestros errores y daños. Gracias por que, siendo conscientes y experimentando culpa, nos podemos mover hacia la solicitud de perdón que restablece la salud del corazón y repara los daños infligidos.

Gracias por la conciencia de culpa.

Amén.
San Camilo, ruega por nosotros.

66

El mundo digital

Oramos en clave de acción de gracias.

Padre bueno, gracias por la vida, y gracias por el mundo digital.

Gracias por las posibilidades que tenemos de conectarnos, de encontrar información, de compartir y relacionarnos, de construir identidades accesibles y generar servicios para otros.

Gracias por las tecnologías de la información que hemos creado para reforzar valores como la accesibilidad, la atención, la agilidad, la relación, la información, el ocio, la salud... Queremos ser responsables y honrados en el uso de las tecnologías. Deseamos enseñar a los niños un uso prudente, responsable, saludable, no dependiente ni fantasioso. Nos comprometemos a dar ejemplo en su utilización para que con ellas seamos mejores personas, más felices, más humanos, más entrañables, sin perder nunca el valor de la presencia y de la encarnación en proximidad.

Gracias por el mundo digital.

Amén.
San Camilo, ruega por nosotros.

67

Los juguetes

Oramos en clave de acción de gracias.

Padre bueno, gracias por la vida, y gracias por los juguetes.

Gracias por todo aquello que nos sirve para el juego, para cultivar el ocio y el entretenimiento, la competición y la socialización, el aprendizaje y la diversión.

Gracias por los juguetes pensados para la evolución de las personas, en su naturaleza social, en el compartir como valor, en la paz y el respeto como base de la convivencia y la vida humana.

Gracias por los juguetes accesibles, sencillos, que no inducen a la dependencia, que muestran la belleza del respeto a la naturaleza y a las personas, que no promueven la violencia ni la discriminación por la identidad de género o el color de la piel.

Gracias por los juguetes que promueven la imaginación, la creatividad, el pensamiento innovador y crítico.

Gracias por la bondad del juego, también para los adultos.

Amén.
San Camilo, ruega por nosotros.

68

La oración en el duelo

Oramos en clave de acción de gracias.

Padre bueno, gracias por la vida, y gracias por la oración en el duelo.

Gracias por que podemos poner palabras al dolor, también en los momentos de sufrimiento por la pérdida de nuestros seres queridos. Sentimos agradecimiento por la vida de nuestros amados, sentimos recuerdos agradecidos por los vínculos construidos, recuerdos necesitados de perdón por los daños infligidos.

Sentimos deseo de cultivar la intimidad contigo, Padre bueno, para nombrar nuestros sentimientos en el dolor por las pérdidas, para dignificar la vida de los que ya no están, para expresar nuestra esperanza y confianza en ti, para encontrar consuelo en los momentos de desolación o tristeza.

Gracias, Padre bueno, por que podemos contar contigo siempre, pues nos escuchas y estás de nuestra parte, eres fuente de esperanza y de alivio en el sufrir.

Gracias por que podemos orar en el duelo.

Amén.
San Camilo, ruega por nosotros.

69

Las personas sencillas
y humildes

Oramos en clave de acción de gracias.

Padre bueno, gracias por la vida, y gracias por las personas sencillas y humildes.

Gracias por las personas que nos dan ejemplo de sencillez, de accesibilidad, de nobleza, de la humildad que proviene del equilibro y la madurez personal, de la sabiduría y la búsqueda del bien, siempre respetuoso con los demás.

Gracias por las personas mansas de corazón, portadoras de paz, inspiradoras de caminos serenos y pacíficos.

Gracias por las personas que se abajan lo necesario para el encuentro respetuoso, para el diálogo con todos, para la escucha y la hospitalidad compasiva. Gracias por quienes no muestran vericuetos y retorcimientos en sus relaciones, sino que son lineales y afables.

Gracias por las personas sencillas, que nos hacen fácil el encuentro, que nos regalan su tiempo y disponibilidad para hacer nacer el bien desde la horizontalidad de la fraternidad.

Gracias por las personas sencillas.

Amén.
San Camilo, ruega por nosotros.

70

La delicadeza de conciencia

Oramos en clave de acción de gracias.

Padre bueno, gracias por la vida, y gracias por la delicadeza de conciencia.

Gracias por la posibilidad que tenemos de ser finos y delicados en la valoración de las conductas, en la percepción de la belleza del bien y de la bondad, de la verdad y de la justicia.

Gracias por la rectitud de conciencia que es la forma de vivir y de ser coherente con uno mismo, firme, con carácter y buena disposición.

Gracias por la integridad y la seriedad en las apreciaciones de lo bueno y lo malo; gracias por las motivaciones nobles que muestran una vida sin doblez ni perversión.

Gracias por la delicadeza de conciencia que, sin caer en los escrúpulos, ilumina el bien y lo hace atractivo para llevar una vida moral coherente y humanizadora.

Gracias por la delicadeza de conciencia.

Amén.
San Camilo, ruega por nosotros.

71

Los buenos pensamientos

Oramos en clave de acción de gracias.

Padre bueno, gracias por la vida, y gracias por los buenos pensamientos.

Gracias por los pensamientos que son fruto de una mirada positiva, benevolente, que identifica la parte buena y valiosa de las cosas, los hechos y las personas.

Gracias por los pensamientos que logran identificar los valores, lo bueno, lo que construye, la cara amable de la realidad, de la vida.

Gracias por el bien pensar que habita a las personas que, al compartir, generan espacios saludables, relajados, de esperanza y amabilidad.

Gracias por los buenos pensamientos sobre nosotros mismos, sobre los que nos rodean, sobre la humanidad, sobre ti mismo, que eres bueno y gracioso.

Gracias por los buenos pensamientos.

Amén.
San Camilo, ruega por nosotros.

72

Los que velan a los enfermos

Oramos en clave de acción de gracias.

Padre bueno, gracias por la vida, y gracias por los que velan a los enfermos.

Gracias por las personas que trabajan por la noche en salud y en profesiones de cuidado. Gracias por quienes cuidan el descanso de los enfermos velando para atender necesidades, para dar paz a los familiares, para cuidar la salud comprometida.

Gracias por las personas que se quedan por las noches con sus seres queridos, con sus amigos, enfermos y necesitados de compañía. Gracias por todos esos que hacen el esfuerzo de vigilar con respeto y sin descuido, para que los enfermos descansen y atraviesen las noches sin sufrir soledad.

Gracias por todos los que salen al paso de la necesidad de compañía en la oscuridad, en la angustia, en el miedo. Gracias por quienes, con su presencia discreta, saben estar en las noches de sufrimiento, en las largas noches de malestar y de esperanza.

Gracias por los que velan a los enfermos.

Amén.
San Camilo, ruega por nosotros.

73

Los que ayudan a llevar la cruz

Oramos en clave de acción de gracias.

Padre bueno, gracias por la vida, y gracias por los que ayudan a llevar la cruz.

Gracias por las personas buenas, los cirineos que se disponen, por propia iniciativa, a aliviar el peso de la cruz de cada día, el peso de la enfermedad, del sufrimiento, del malestar.

Gracias por quienes se percatan de que con su conducta pueden hacer más ligera la vida de los demás, de que con su apoyo pueden aliviar el camino pedregoso y duro de los males, las enfermedades, los problemas.

Gracias por quienes, silenciosamente, quizás anónimamente, alivian la vida de su alrededor, de familiares, vecinos, amigos, desconocidos, poniendo los propios recursos, el tiempo y las relaciones de ayuda, al servicio del alivio y el bienestar.

Gracias por los que ayudan a llevar las cruces de cada día.

Amén.
San Camilo, ruega por nosotros.

74

Los enterradores

Oramos en clave de acción de gracias.

Padre bueno, gracias por la vida, y gracias por los enterradores.

Gracias por las personas que trabajan en torno a la muerte, a los muertos, a los restos humanos, para inhumarlos o incinerarlos.

Gracias por los que trabajan con los muertos y muestran respeto a la dignidad del cuerpo y transmiten respeto y cuidado sagrado a los dolientes.

Gracias por los tanatopractores que cuidan de que los cuerpos fallecidos sean mostrados con actitud de reverencia hacia la identidad de cada uno, con lo que ayude a los dolientes a vivir saludablemente su dolor, a recordar entrañablemente a su ser querido, a sentir que recibimos misericordia también en torno a la muerte.

Gracias por los que trabajan con la muerte.

Amén.
San Camilo, ruega por nosotros.

75

Los historiadores

Oramos en clave de acción de gracias.

Padre bueno, gracias por la vida, y gracias por los historiadores.

Gracias por quienes saben estudiar el devenir humano, reconstruir la vida, andanzas, hechos relevantes, dinámicas significativas, de la historia.

Gracias por los que, al contar la historia, saben poner valor a la vida humana, dar la oportuna importancia a los humildes, evidenciando los valores que humanizan, que permiten aprender del pasado, para construir un mundo mejor, que promueva la ayuda recíproca y el respeto de las identidades.

Gracias por los historiadores que ponderan, que son justos en sus apreciaciones, que interpretan los datos de manera equilibrada, contextualizando y ayudando a comprender el devenir de lo significativo y relevante, privada y públicamente.

Gracias por los historiadores.

Amén.
San Camilo, ruega por nosotros.

76

La sangre

Oramos en clave de acción de gracias.

Padre bueno, gracias por la vida, y gracias por la sangre.

Gracias por la sangre que circula por nuestras venas y nos oxigena, alimenta nuestras células, elimina desechos, tras ser producida en nuestra médula ósea.

Gracias por la sangre que es principio de vida y símbolo de muerte, evocadora de vida sacrificada y entregada, vida ofrecida, capaz de restablecer justicia y bondad.

Gracias por la sangre que fluye buena, gracias por los circuitos relacionales que fluyen cargados de vida limpia, pura, sin anemias espirituales, sin tóxicos ni hemorragias de mal, sin violencia que amenace la integridad.

Gracias por la sangre regalada para ayudar en la salud, para dar vida, para expresar solidaridad y acogida sin normas que limiten esta ayuda.

Gracias por la sangre.

Amén.
San Camilo, ruega por nosotros.

Los espectáculos

Oramos en clave de acción de gracias.

Padre bueno, gracias por la vida, y gracias por los espectáculos.

Gracias por la puesta en escena de hechos, acontecimientos, valores, dinámicas... Gracias por las representaciones o funciones que se hacen en público para entretener, para honrar, para recordar, para denunciar, desvelar...

Gracias por las funciones diversas que permiten promover la cultura, la sabiduría, el buen gusto, la estética, la moderación.

Gracias por lo que, siendo espectacular, atrae por su bondad, por su verdad, por su valor añadido a la humanidad, por su dinamismo constructivo, armónico, valioso.

Gracias por los espectáculos reverentes, respetuosos, atrevidos pero moderados, que distraen y permiten disfrutar, pero que contribuyen a crear un mundo más amable y agradable.

Gracias por los espectáculos.

Amén.
San Camilo, ruega por nosotros.

78

Los brotes

Oramos en clave de acción de gracias.

Padre bueno, gracias por la vida, y gracias por los brotes.

Gracias por los brotes como despliegue de las yemas, anuncio de más vida, inicio del crecimiento fructífero. Gracias por los brotes que reflejan la germinación de las semillas y el despliegue de las ramas, hojas y flores.

Gracias por el brotar de vida y bondad del que somos capaces las personas, para expresar de manera desarrollada y adulta nuestro potencial interior.

Gracias por los brotes de conductas nuevas en los grupos que necesitan equilibrio y paz; gracias por el brotar del diálogo y del encuentro, apoyado en raíces vigorosas de humanidad noble.

Gracias por los brotes verdes que evocan la esperanza en tiempos difíciles y refuerzan la confianza y el compromiso comunitario.

Gracias por los brotes.

Amén.
San Camilo, ruega por nosotros.

Las madres buenas

Oramos en clave de acción de gracias.

Padre bueno, gracias por la vida, y gracias por las madres buenas.

Gracias por las mujeres que tienen hijos y son buenas referentes en el proceso de crecimiento de la prole. Gracias por las madres que viven con libertad la relación con los hijos, que buscan y aceptan la ayuda necesaria en las relaciones de cuidado, que son compasivas con las necesidades de los pequeños, que encuentran equilibrio entre su vida personal y su vida relacional y de madres.

Gracias por las mujeres que, siendo madres, despliegan los radares de comprensión de las dinámicas de los hijos, sabiendo estar al quite, soltar lazos para acompañar la interdependencia, pidiendo ayuda cuando la necesitan, cuidando su identidad vinculada a diferentes roles.

Gracias por las madres que construyen unidades de convivencia familiar sólidas, abiertas, educativas, solidarias, de amor duradero.

Gracias por las madres.

Amén.
San Camilo, ruega por nosotros.

80

Las madres que salen adelante

Oramos en clave de acción de gracias.

Padre bueno, gracias por la vida, y gracias por las madres que salen adelante.

Gracias por las madres sin pareja, las madres que han perdido a sus hijos, las madres que sufren malos tratos como mujeres. Gracias por su fuerza y su empeño en prevenir, denunciar, erradicar, ayudar y dejarse ayudar para humanizar.

Gracias por las madres que no se quedan calladas pasivamente, sino que se comprometen asertivamente en la defensa de sus derechos, de su dignidad, de la dignidad de todas las mujeres.

Gracias por las madres que logran referentes suficientes para la educación de sus hijos, para la salud relacional en la convivencia y en la maternidad.

Gracias por las madres que salen adelante.

Amén.
San Camilo, ruega por nosotros.

81

La brisa

Oramos en clave de acción de gracias.

Padre bueno, gracias por la vida, y gracias por la brisa.

Gracias por la brisa como viento suave y agradable, que refresca y acaricia.

Gracias por la brisa como símbolo de tu presencia, del ritmo acompasado y respetuoso, entrañable y cariñoso para con nosotros.

Gracias por la suavidad de tu venir, Padre bueno, en medio de nuestros combates y necesidades de equilibrio y bienestar.

Deseamos ser como brisa suave también nosotros para los demás; saber alcanzarles con presencias delicadas y amorosas, particularmente en los momentos difíciles. Deseamos ser brisa consoladora, refrescante, de alivio, de oportuna compañía tierna.

Gracias por la brisa.

Amén.
San Camilo, ruega por nosotros.

82

La subida

Oramos en clave de acción de gracias.

Padre bueno, gracias por la vida, y gracias por la subida.

Gracias por que superamos desniveles, salimos de las hondonadas, nos venimos arriba en las adversidades, afrontamos con coraje los problemas y bajones.

Gracias por las subidas como desafíos para nuestro crecimiento, para nuestra resiliencia, para nuestra humanización. Gracias por las subidas como determinación de afrontamiento de lo desafiante, de lo dificultoso, de lo escabroso.

Deseamos cultivar un espíritu de salida, de proyección hacia afuera, de cultivo del encuentro, sacando fuerza de nuestro interior y de las relaciones de ayuda.

Gracias por la subida de ánimo que logramos como superación de los bajones que nos produce la vida, los conflictos, las enfermedades y las pérdidas.

Gracias por las subidas y la esperanza.

Amén.
San Camilo, ruega por nosotros.

83

Las rocas

Oramos en clave de acción de gracias.

Padre bueno, gracias por la vida, y gracias por las rocas.

Gracias por las formaciones minerales geológicas que contemplamos en su solidez, dureza y resistencia.

Gracias por las rocas como referentes de consistencia, que necesitamos como cualidad del espíritu, como personas para apoyarnos y sostenernos en la fragilidad.

Gracias por las personas que experimentamos sólidas como rocas en su resistir, firmes en su voluntad, fuertes en la adversidad. Gracias por las personas que nos permiten apoyarnos en ellas y confiar.

Gracias a ti, Padre bueno, que eres nuestra roca en la que está firme nuestro corazón, a quien podemos acudir siempre para sostenernos.

Gracias por las rocas.

Amén.
San Camilo, ruega por nosotros.

Los legados espirituales

Oramos en clave de acción de gracias.

Padre bueno, gracias por la vida, y gracias por los legados espirituales.

Gracias por las personas que nos han dejado una herencia de valor, mensajes sintéticos de su aprendizaje vital, conquistas de sentido, anhelos profundos transmitidos al final de sus vidas.

Gracias por los legados espirituales hechos en los últimos días de las personas que encuentran comunicación posible en hondura, en transparencia y verdad.

Gracias por las personas que, conscientes de vivir su final, nos dejan un mensaje que les trasciende, que guardamos en nuestro corazón, del que hacemos tesoro de valor para honrar en la memoria y dar vida con nuestras conductas.

Gracias por los legados espirituales de nuestros seres queridos.

Amén.
San Camilo, ruega por nosotros.

85

Los diálogos espirituales

Oramos en clave de acción de gracias.

Padre bueno, gracias por la vida, y gracias por los diálogos espirituales.

Gracias por los encuentros íntimos, a verdad desnuda, sobre las convicciones, las experiencias, los desafíos, las búsquedas de sentido... que nos habitan en nuestro corazón.

Gracias por las personas que propician el diálogo en intimidad. Gracias por las personas que saben acompañar en la búsqueda del bien, en la identificación de lo importante y lo accesorio, lo valioso y duradero y lo efímero.

Gracias por los acompañantes del corazón, los que saben iluminar en las oscuridades de la vida, los que no abusan del poder y de la conciencia, ni se muestran indiferentes con los avatares de los dialogantes.

Gracias por los diálogos espirituales.

Amén.
San Camilo, ruega por nosotros.

86

La luz en los problemas

Oramos en clave de acción de gracias.

Padre bueno, gracias por la vida, y gracias por la luz en los problemas.

Encontramos luz escudriñando los problemas que atravesamos, gracias a la mirada alternativa, esperanzada, gracias al diálogo de discernimiento, escrutador, analista, abierto.

Gracias por la luz que nos ilumina desde nuestra conciencia recta, cual candil en medio de la tormenta, cual referente en medio de las tinieblas.

Deseamos tener siempre una conciencia iluminada e iluminadora, una posibilidad sincera y aprovechada de búsqueda de las claves de resolución, de apertura a lo viable y quizás inédito posible.

Gracias por la luz de la conciencia ante los problemas.

Amén.
San Camilo, ruega por nosotros.

El espíritu de superación

Oramos en clave de acción de gracias.

Padre bueno, gracias por la vida, y gracias por el espíritu de superación.

Logramos superar adversidades, dificultades, con espíritu de afrontamiento, de empeño sostenido.

Somos capaces no solo de resistir la adversidad, sino también de superar y salir crecidos, resilientes, gracias a los recursos externos, internos, relacionales, espirituales.

Gracias por la superación que podemos hacer de nosotros mismos, con espíritu de crecimiento y maduración, de fecundidad y generosidad. Nos has hecho fuertes en la debilidad, y te damos gracias.

Gracias por el espíritu de superación.

Amén.
San Camilo, ruega por nosotros.

88

La posibilidad de transformación

Oramos en clave de acción de gracias.

Padre bueno, gracias por la vida, y gracias por la posibilidad de transformación.

Sí, podemos transformar la realidad con nuestra intervención, hacerla útil, sacar su potencial interior... Pero podemos transformar también nuestra experiencia, cambiarla de signo, identificando en lo negativo y adverso la cara potencial, el poder sanador que tiene también la herida.

Deseamos cambiar el signo de la realidad que destruye, para ser libre y responsablemente protagonistas, para hacer de las cosas que pasan oportunidades de vida humanizada, significada, con sentido.

Gracias por que podemos trasformar el mal en ocasión de bien, para comprometernos por eliminar todo aquello que hace daño y deshumaniza.

Gracias por el poder de transformación.

Amén.
San Camilo, ruega por nosotros.

89

La reconciliación y el acercamiento

Oramos en clave de acción de gracias.

Padre bueno, gracias por la vida, y gracias por la reconciliación y el acercamiento.

Gracias por el acercamiento que logramos tras los conflictos, el que perdona, el que no lleva cuentas del mal, el que deja de lado el daño recibido y se empeña en empezar de nuevo, restaurando los vínculos, con generosidad y libertad.

Gracias por el acercamiento logrado en las parejas, entre los amigos, entre los familiares, el que no se entretiene en calcular y sacar cuentas de deudas por gracias regaladas, sino que sobreabunda en apostar por el encuentro y la reconciliación.

Gracias por quienes, en ambas direcciones, logran sostener el bien, perdonando el daño, pidiendo perdón, regalando perdón, dejándose perdonar, restañando las heridas hechas en la pelea.

Gracias por el acercamiento que reconcilia.

Amén.
San Camilo, ruega por nosotros.

La suavidad de la mansedumbre

Oramos en clave de acción de gracias.

Padre bueno, gracias por la vida, y gracias por la suavidad de la mansedumbre.

Gracias por la docilidad y suavidad que logramos mostrar con nuestro carácter, en nuestras relaciones amables y respetuosas.

Gracias por la suavidad de la mansedumbre que nos permite recobrar relaciones heridas, conflictos que dañan.

Gracias por la mansedumbre que implica autocontrol, dominio de la rabia, humildad que apacigua el ánimo, disposición a la bondad que confunde a la prepotencia.

Gracias por la mansedumbre como transigencia, apertura al diálogo, negativa a la agresión, disposición a la templanza, que nos libera del resentimiento.

Gracias por la suavidad de la mansedumbre.

Amén.
San Camilo, ruega por nosotros.

91

Los que abrazan la cruz

Oramos en clave de acción de gracias.

Padre bueno, gracias por la vida, y gracias por los que abrazan la cruz.

Nos repugnan las cruces que son expresión de violencia, asesinato, condena, daño evitable, injusticia, marginación.

Nos repugnan las cruces que resultan de juicios irrisorios, amañados, de sometimiento de inocentes a tantas formas de suplicio, homicidio, guerra.

Pero te damos las gracias por quienes, ante su cruz, dan ejemplo de amor por la vida, de coherencia y fidelidad al amor, de conexión contigo, fuente de nuestra salvación.

Gracias por quienes encuentran un sentido en el vivir, a pesar de la cruz; gracias por quienes logran poner sentido a todos los modos de sufrir para hacerlos fecundos.

Gracias por quienes abrazan la cruz.

Amén.
San Camilo, ruega por nosotros.

La superación de la traición

Oramos en clave de acción de gracias.

Padre bueno, gracias por la vida, y gracias por la superación de la traición.

Nos duele la dinámica de la traición, cuando la protagonizamos nosotros y cuando somos víctimas de ella. La traición como falta de cumplimiento de la palabra, falta de fidelidad debida, daño hecho por detrás, trampa tendida desde el conocimiento, falta de lealtad al vínculo y a la pertenencia, nos deshonra.

Deseamos ser personas de palabra, nobles, perseverantes, fieles, leales. Deseamos ir de frente, afrontar las dificultades con transparencia, no por detrás. Deseamos dar al diálogo abierto la autoridad para afrontar los conflictos.

Gracias, Padre bueno, por las personas que no traicionan, que se mantienen firmes en las relaciones.

Gracias por los que superan la tentación de la traición.

Amén.
San Camilo, ruega por nosotros.

93

La esperanza en la prueba

Oramos en clave de acción de gracias.

Padre bueno, gracias por la vida, y gracias por la esperanza en la prueba.

Sentimos, en ocasiones, que la vida nos pone a prueba. Cuando vivimos la tribulación, nos cuesta encontrar suficiente paciencia para resistir, suficiente confianza para sostener la esperanza sin vergüenza.

Gracias por la virtud de la esperanza, la pequeña niña que tira de nosotros con la ilusión puesta en el mañana, dando tono positivo al presente, traducido en coraje para afrontar la adversidad.

Gracias por la esperanza en la prueba, cuando logramos transformarla en actitud de combate fructífero, de afrontamiento sereno, de tenacidad sostenida.

Gracias por la esperanza en la prueba.

Amén.
San Camilo, ruega por nosotros.

Las obras de misericordia

Oramos en clave de acción de gracias.

Padre bueno, gracias por la vida, y gracias por las obras de misericordia.

Gracias por que podemos traducir en conducta la viga maestra de nuestras relaciones de cuidado: la misericordia.

Gracias por que podemos dar de comer al hambriento, de beber al sediento, vestir al desnudo, visitar a los encarcelados, proteger a los sin hogar, visitar a los enfermos y enterrar a los muertos.

Gracias por que podemos enseñar al que no sabe, corregir al que lo necesite, aconsejar a quien duda, consolar al triste, tolerar los errores de los demás con paciencia, perdonar las ofensas y orar por vivos y difuntos.

Gracias por las obras de misericordia corporales y espirituales.

Amén.
San Camilo, ruega por nosotros.

95

La salud que brota de las heridas

Oramos en clave de acción de gracias.

Padre bueno, gracias por la vida, y gracias por la salud que brota de las heridas.

Gracias por que también encontramos salud que nace de la vulnerabilidad, de la fragilidad, de las heridas. Se presenta en forma de humildad, de compasión hacia uno mismo y hacia los otros. Nos muestra la fuerza del cuidado recíproco, la salud del dejarse cuidar, la bondad de la solidaridad.

Gracias por la salud que vemos en las heridas mientras nos esforzamos por superarlas, por prevenirlas y curarlas. Hay salud en los procesos de curación, hay salud en la pequeñez y necesidad de ser sostenido y cuidado con amor.

Gracias por la salud que brota de las heridas de Jesús.

Amén.
San Camilo, ruega por nosotros.

96

Los que se despojan

Oramos en clave de acción de gracias.

Padre bueno, gracias por la vida, y gracias por los que se despojan.

Gracias por la posibilidad que tenemos de despojarnos de todo lo que nos enorgullece, nos oculta, nos hace vanidosos. Gracias por permitir que nos liberemos de lo que nos atrapa, de lo que genera dependencia, de lo que nos esconde de nuestra verdad de seres humanos libres y pequeños.

Gracias por hacernos capaces de despojarnos del orgullo que impide el perdón. Gracias por que logramos despojarnos de la avaricia que nos lleva a poseer. Gracias por que podemos despojarnos de la tentación del poder que nos genera deseo de aprovecharnos de los demás.

Gracias por nuestro potencial de libertad y humildad que nace del despojarnos.

Amén.
San Camilo, ruega por nosotros.

El amor inclusivo

Oramos en clave de acción de gracias.

Padre bueno, gracias por la vida, y gracias por el amor inclusivo.

Gracias por hacernos hospitalarios y capaces de amar sin generar exclusión, sin abandonar a personas o grupos por ningún motivo.

Gracias por que podemos expresar nuestra *caritas* con dinamismos de inclusión, de participación, de integración, de justicia, de ayuda promotora de la autonomía de las personas más frágiles.

Gracias por la *caritas* como expresión de nuestra fraternidad universal, potencial humanizador por excelencia, generador de cultura de pertenencia de todos a la misma casa común, con la misma condición de ciudadanía global.

Gracias por invitarnos a trabajar por el amor inclusivo.

Amén.
San Camilo, ruega por nosotros.

98

El patrimonio ético

Oramos en clave de acción de gracias.

Padre bueno, gracias por la vida, y gracias por el patrimonio ético.

Gracias por la herencia de valores recibida por tradición, a través de las costumbres, por encarnarlos quienes nos han precedido en la vida.

Gracias por los valores y virtudes que han honrado nuestros antepasados y que nos han transmitido con pasión para crear un mundo más humano. Gracias por el patrimonio ético que hemos alcanzado con el proceso de humanización.

Deseamos cuidar nuestro patrimonio ético, dejarlo en herencia a los que nos seguirán, pero enriquecido, vivido y experimentado por nosotros en el proceso de desarrollo humanizador que queremos honrar.

Gracias por el patrimonio ético de los colectivos que quieren erradicar lo que aún está por humanizar en términos de igualdad de género, accesibilidad de recursos y paz.

Gracias por el patrimonio ético que tenemos.

Amén.
San Camilo, ruega por nosotros.

El corazón que late

Oramos en clave de acción de gracias.

Padre bueno, gracias por la vida, y gracias por el corazón que late.

Gracias por el corazón que nos has regalado, que late tanto si estamos despiertos como si estamos dormidos, que aguanta ritmos de descanso y ritmos de tensión, que resiste en la amenaza, en la incertidumbre, en la rabia, en la tristeza y la desesperación.

Gracias por esta bomba de circulación, elástica, infatigable, evocadora de constancia, sede del pensamiento y del sentir, con ojos que escrutan y perciben el interior, hecho de carne y capaz de albergar planes y expresarse en cordialidad.

Gracias por el corazón que late para humanizar, para conservar vida buena, para cuidar el buen trato, para oxigenar y ablandar las relaciones.

Gracias por el corazón que late acompasado al potencial humanizador.

Amén.
San Camilo, ruega por nosotros.

100

El perdón a los verdugos

Oramos en clave de acción de gracias.

Padre bueno, gracias por la vida, y gracias por el perdón a los verdugos.

Gracias, Padre bueno, por el potencial del perdón del que somos capaces, porque nos lo has regalado y llega hasta poder regalarlo a los verdugos.

Sabemos del mal que produce el rencor, del daño que supone la ofensa, pero también del daño que generan la venganza, la violencia y el rencor.

Gracias por regalarnos la posibilidad de perdonar a los agresores, aunque no nos reconciliemos, aunque no sea conveniente –en ocasiones– reconciliarse. Gracias por que podemos perdonar como opción de vivir sanos, liberados del veneno del rencor, libres de la esclavitud hacia el agresor, pacíficos para no crear más violencia y daño.

Gracias por el perdón a los verdugos, del que somos capaces.

Amén.
San Camilo, ruega por nosotros.

101

La salud silenciosa

Oramos en clave de acción de gracias.

Padre bueno, gracias por la vida, y gracias por la salud silenciosa.

Gracias por el bienestar que experimentamos, sin darnos cuenta, cuando no estamos enfermos, cuando no tenemos dolores, cuando no experimentamos malestares físicos ni psicológicos. Gracias por la salud silenciosa que vivimos y queremos disfrutar.

Gracias por la salud cuidada, con la que nos comprometemos, que queremos conservar, saborear, vivir aprovechándola por todas las posibilidades que nos presenta.

Gracias por la salud como buena vida, como vida disfrutada, gozosa, relacionada, acogida con gozo y significada.

¡Qué bien estamos sanos! Gracias, Padre bueno, por la salud silenciosa que disfrutamos tantos días, tantas horas, como don que queremos vivir provechosamente.

Gracias por la salud silenciosa.

Amén.
San Camilo, ruega por nosotros.

102

Podemos visitarnos

Oramos en clave de acción de gracias.

Padre bueno, gracias por la vida, y gracias por que podemos visitarnos.

Gracias por que, al visitarnos, mostramos interés, provocamos hospitalidad, generamos vínculos de intimidad, cultivamos la amistad, nos disponemos al servicio.

Deseamos que nuestras visitas sean saludables, que duren el tiempo adecuado, que no alimenten malos comentarios, que no añadan nubarrones a los pensamientos o a las relaciones, que no se llenen de tópicos –de frases hechas–, sino de encuentro en la verdad, la humildad y el servicio.

Gracias por las visitas en la enfermedad, las que de verdad sostienen, consuelan, apoyan, agradan, ayudan.

Gracias por darnos el tacto necesario para hacer las visitas justas, y hacerlas bien hechas, definidas por la escucha.

Gracias por las visitas.

Amén.
San Camilo, ruega por nosotros.

103

La comida cotidiana

Oramos en clave de acción de gracias.

Padre bueno, gracias por la vida, y gracias por la comida cotidiana.

Gracias por la comida, como fuente de alimentación, pero también como modo de cuidarnos, de atendernos, de encontrarnos, de construir compañerismo y familia.

Gracias por la comida preparada dignamente, con ternura y cariño, con higiene y esmero, con deseo de agradar, con ingredientes saludables.

Gracias por la comida como espacio humanizador, de vinculación, de diálogo constructivo.

Gracias por la comida reconocida, agradecida, moderada en su cantidad, saludable en sus proporciones, agradable en su presentación, universal en su accesibilidad.

Gracias por la comida que alimenta nuestro cuerpo y nuestro corazón. Gracias a ti, Padre bueno, que te regalas como alimento en tu Hijo.

Amén.
San Camilo, ruega por nosotros.

104

Las margaritas del campo

Oramos en clave de acción de gracias.

Padre bueno, gracias por la vida, y gracias por las margaritas del campo.

Gracias por las humildes margaritas con las que decoras la naturaleza. Las apreciamos en su sencillez y en su belleza, en su nacer espontáneo y su contraste en los prados y valles.

Gracias por las personas que son así, espontáneas como las margaritas, embellecedoras de los grupos, sencillas, humildes en su estar y sencillas en las relaciones.

Gracias por la naturaleza que se nos regala, también la humana, la naturaleza facilitadora de lo bello y lo armónico, lo amable y agradable. Deseamos ser sencillos como las margaritas, humildes y entrañables en nuestro entorno.

Gracias por las margaritas del campo.

Amén.
San Camilo, ruega por nosotros.

La trascendencia

Oramos en clave de acción de gracias.

Padre bueno, gracias por la vida, y gracias por la trascendencia.

Gracias por la dimensión que sobrepasa lo que percibimos con nuestros sentidos, lo que está más allá de nuestra percepción, lo que nos supera, lo que nos da identidad humana espiritual.

Gracias por que podemos cultivar la dimensión trascendente mediante el arte, que nos evoca referentes de valor, religiosos, estéticos, simbólicos.

Gracias por que cuidamos la dimensión trascendente contemplando la naturaleza, en su grandeza y en su pequeñez, tan bella, que nos sobrepasa.

Gracias por que participamos en el culto que nos permite trascender, vincularnos entre nosotros generando comunidad e invocándote a ti, Padre bueno.

Gracias por que sentimos la dimensión trascendente en el encuentro, en el compartir el tiempo de calidad, donde algo supera la suma de los individuos.

Gracias por hacernos seres trascendentes.

Amén.
San Camilo, ruega por nosotros.

106

La higuera

Oramos en clave de acción de gracias.

Padre bueno, gracias por la vida, y gracias por la higuera.

Gracias por el árbol generoso de la higuera, que nos regala tanto fruto, que simboliza la prosperidad, la fertilidad, la fortuna.

Gracias por la higuera que evoca seguridad y calma, que aguanta los calores y las sequías, y nos regala frutos, sin flores, cuyos brotes anuncian el verano, la luz y el calor.

Gracias por el fragante olor amable, a cuya sombra se experimenta serenidad y deseo de bondad.

Gracias por la generosa higuera.

Amén.
San Camilo, ruega por nosotros.

Quienes no juegan con el dinero

Oramos en clave de acción de gracias.

Padre bueno, gracias por la vida, y gracias por quienes no juegan con el dinero.

Gracias por las personas que superan la tentación de jugar con el dinero, de ser imprudentes en su acumulación, inversión o juego.

Queremos que el dinero nos sirva para articular las relaciones, intercambiar los bienes, construir justicia, respetar las identidades y obtener productos para vivir dignamente.

Gracias por quienes no ambicionan tanto el dinero y no se hacen avariciosos ni temerarios con su uso, generándose daño a sí mismos y a los seres queridos que lo obtienen con esfuerzo para llevar una vida digna.

Gracias por quienes respetan el dinero.

Amén.
San Camilo, ruega por nosotros.

108

La mirada del corazón

Oramos en clave de acción de gracias.

Padre bueno, gracias por la vida, y gracias por la mirada del corazón.

Gracias por que podemos mirar con los ojos de la cara, ver, percibir, distinguir los objetos, reconocer los lugares y a las personas.

Gracias por que podemos mirar con los ojos de la mente, comprender las realidades, sus dinámicas y sus conexiones, explicarlas y señorearlas humanamente.

Pero gracias también por que podemos mirar con los ojos del corazón, los que realmente nos permiten percibir la justicia, la compasión, el sufrir del prójimo, las intenciones saludables y las perversas. Gracias por que los ojos del corazón nos permiten apreciar las cosas invisibles a los ojos de la cara, e incomprensibles a los ojos de la mente.

Gracias por los ojos del corazón.

Amén.
San Camilo, ruega por nosotros.

109
El baño

Oramos en clave de acción de gracias.

Padre bueno, gracias por la vida, y gracias por el baño.

Gracias por que nos bañamos, nos cuidamos, nos refrescamos, higienizamos nuestro cuerpo, lo sentimos agradable y limpio.

Pero gracias también por que podemos bañar nuestro espíritu y regenerarlo renaciendo de nuevo, recuperando energías interiores, de valor, para vivir una vida buena.

Gracias por que, con el baño interior de tu Espíritu, nos vinculamos, renacemos, entramos en ti, vivimos una vida nueva, donde el corazón habita en el deseo del bien y nuestras conductas se hacen fruto humanizador.

Gracias por el baño.

Amén.
San Camilo, ruega por nosotros.

110

Los días de descanso

Oramos en clave de acción de gracias.

Padre bueno, gracias por la vida y gracias por los días de descanso.

Gracias por los días en que desconectamos de la dinámica de producción del trabajo, de la agenda y del ajetreo.

Gracias por los días que podemos dedicarnos más al cultivo de las relaciones de familia, de amistad, de fraternidad, de compañerismo.

Gracias por los días que podemos consagrar a cuidar nuestro corazón, a distraer nuestro espíritu, a conectar mayormente contigo, a contemplar la naturaleza y el mundo que nos rodea, a cuidar nuestro cuerpo, nuestra mente, nuestra casa, nuestro corazón.

Gracias, Padre bueno, por los días de descanso.

Amén.
San Camilo, ruega por nosotros.

111

Celebramos

Oramos en clave de acción de gracias.

Padre bueno, gracias por la vida, y gracias por que celebramos.

Gracias por que podemos dedicar tiempo, lugares, citas, costumbres, ritos... para celebrar, para honrar, para homenajear, para conmemorar, para dignificar aspectos de nuestra vida.

Gracias por que al celebrar nos humanizamos, nos regalamos relaciones, cuidamos la armonía del encuentro con cantos, símbolos, objetos, alimentos, gestos...

Gracias por que celebramos también los aspectos más misteriosos de nuestra vida: el nacer, las transiciones, el morir, las realidades de nuestras creencias, los valores que deseamos dignificar.

Gracias por hacernos gozosos y celebrativos, además de ejecutores de rúbricas y costumbres que dan sentido a nuestros ritos.

Gracias por que celebramos.

Amén.
San Camilo, ruega por nosotros.

112

Las simientes

Oramos en clave de acción de gracias.

Padre bueno, gracias por la vida, y gracias por las simientes.

Gracias por los pequeños granos de los frutos, que tienen en su interior el proyecto y el potencial de germinar y dar origen a plantas nuevas de la misma especie.

Gracias por las semillas de nuevos proyectos, de realidades de futuro, signos de creatividad y compromiso por recrear, innovar, dar fruto de buenas intenciones y sentimientos, pasiones y anhelos humanos.

Gracias por las semillas que las personas sienten en su corazón como motores de humanización, como compromisos de fecundidad de las ideas y sueños individuales y comunitarios.

Gracias por las simientes de bien.

Amén.
San Camilo, ruega por nosotros.

113

La faz de la tierra

Oramos en clave de acción de gracias.

Padre bueno, gracias por la vida, y gracias por la faz de la tierra.

Gracias por la superficie de la tierra que se muestra, su manifestación externa, hecha de una gran variedad de aspectos naturales cual decoración rica de colores, formas y elementos en armonía.

Gracias por que nos regalas una tierra que se muestra habitable, fértil, que podemos cuidar y cultivar para sobrevivir, para cuidarnos y hacerla útil y bella, compartida y entrañable.

Gracias por la faz de la tierra que contiene tanto potencial, tanto espacio, tanta geografía accidentada, como expresión de un todo sostenido y sostenible.

Nos comprometemos con el cuidado de la faz de la tierra y su habitabilidad.

Gracias por la faz de la tierra.

Amén.
San Camilo, ruega por nosotros.

114

La respiración

Oramos en clave de acción de gracias.

Padre bueno, gracias por la vida, y gracias por la respiración.

Intercambiamos con el exterior el oxígeno que necesitamos, que nos llega a las células de nuestro cuerpo, que da vida renovada y limpia.

Gracias por la respiración que evoca liberación, intercambio, purificación, ritmo, salud.

Deseamos respirar libremente, no sufrir ahogo en nuestras relaciones, no ser tóxicos los unos para los otros, recuperar pureza y expulsar lo contaminado. Deseamos y nos comprometemos a mantener el aire suficientemente limpio para que nuestro mundo sea habitable para nosotros y para generaciones futuras.

Gracias por la respiración.

Amén.
San Camilo, ruega por nosotros.

115

La victoria y el fracaso

Oramos en clave de acción de gracias.

Padre bueno, gracias por la vida, y gracias por la victoria y el fracaso.

Gracias por que nos sentimos bien cuando ganamos en lo que es competitivo, en lo que produce, en lo que es enriquecimiento, beneficio, superación...

Pero gracias también por las pérdidas y el fracaso, que se convierten en oportunidad de reconocimiento de nuestra naturaleza, oportunidad de crecimiento humano, de ejercicio de humildad, oportunidad para dejarnos hacer, cuidar, querer.

Gracias por las dinámicas de ganancia y pérdida, cuando las encajamos con sabiduría y bondad, con sencillez y aprecio de la vida. Gracias por que tú eres siempre una ganancia, a ti, Padre bueno, no te perdemos.

Gracias por la victoria y el fracaso.

Amén.
San Camilo, ruega por nosotros.

116

Las reuniones internacionales

Oramos en clave de acción de gracias.

Padre bueno, gracias por la vida, y gracias por las reuniones internacionales.

Gracias, sí, por los encuentros de personas venidas de diferentes países, que buscan el bien, que se dan cita en torno a la paz, a la colaboración, a proyectos de humanización, a una conciencia de identidad compartida, a una comunidad que supera fronteras.

Gracias por los encuentros internacionales que producen solidaridad, profundización en los valores, dinámicas de ayuda recíproca, enriquecimiento intercultural, cuidado del patrimonio moral y carismático.

Gracias por los encuentros que se apoyan en la escucha, el conocimiento recíproco, el encuentro transparente y bondadoso.

Gracias por los encuentros internacionales.

Amén.
San Camilo, ruega por nosotros.

El carisma de la misericordia

Oramos en clave de acción de gracias.

Padre bueno, gracias por la vida, y gracias por el carisma de la misericordia.

Gracias por el regalo de las identidades como subrayado de valores, de disposiciones de servicio, de compromisos altruistas, de causas nobles que humanizan.

Gracias, en particular, por quienes sienten en su ADN el carisma de la misericordia, del cuidado compasivo, de la hospitalidad para con los más frágiles, para con los enfermos, para con los ancianos y personas con discapacidad.

Gracias por el regalo de las vocaciones del corazón para cuidar entrañablemente, con la bondad de nuestro corazón, con la competencia de las profesiones cuidadas con esmero.

Gracias por el carisma de la misericordia.

Amén.
San Camilo, ruega por nosotros.

118

Nuestra conciencia íntima

Oramos en clave de acción de gracias.

Padre bueno, gracias por la vida, y gracias por nuestra conciencia íntima.

Gracias por la conciencia que, como sagrario íntimo, ilumina nuestro pensar, sentir y actuar rectamente. Gracias por la voz de la conciencia que reclama el bien, el discernimiento prudente, la transparencia y la luz que indica el mejor camino posible.

Gracias por la conciencia que es recta, no enrevesada, no falseada. Gracias por la voz de la conciencia donde reconocemos que susurras tú, tímidamente, iluminada por el diálogo humano, respetuoso de la libertad y del criterio propio.

Gracias por la conciencia que se empeña en discernir para alejarnos del mal, dejándose atraer por la belleza del bien y la verdad.

Gracias por la voz de nuestra conciencia.

Amén.
San Camilo, ruega por nosotros.

119

La presencia

Oramos en clave de acción de gracias.

Padre bueno, gracias por la vida, y gracias por la presencia.

Gracias por quienes saben estar, quienes apoyan con su presencia, con su compañía, con su proximidad, particularmente en los momentos difíciles.

Gracias por todo lo que evoca la presencia de una persona en nuestra vida, a lo largo de nuestra historia, en los momentos en que se acerca a nosotros en el espacio y se hace significativa y de apoyo.

Gracias por la compasión y la conexión que se logran en la presencia de personas con valor simbólico, con sentido y capacidad de evocar el horizonte que nos puede referir bienestar y consuelo.

Gracias por el saber estar presente y también por el saber retirarse, marcando así la distancia justa, la compañía solo oportuna.

Gracias por la presencia.

Amén.
San Camilo, ruega por nosotros.

120

La conexión

Oramos en clave de acción de gracias.

Padre bueno, gracias por la vida, y gracias por la conexión.

Gracias por la relación y la comunicación lograda entre las personas, particularmente en los momentos de sufrimiento. Gracias por la conexión que conseguimos establecer contigo, Padre bueno, con tu abrazo, con tu hospitalidad compasiva, con tu ternura, con tu bondad siempre dispuesta.

Gracias por la conexión que logramos entablar desde el corazón, en particular en la enfermedad, con el mundo vulnerable, con la dimensión misteriosa de la vida, con los seres queridos, a quienes damos acogida en nuestro corazón y en quienes buscamos apoyo y consuelo.

Gracias por la conexión de corazones, que se concreta en gestos, miradas cómplices, caricias entrañables, escucha acogedora. Gracias por la conexión que nos reporta bienestar espiritual, en particular cuando estamos enfermos y sufrimos.

Gracias por la conexión lograda.

Amén.
San Camilo, ruega por nosotros.

121

La compasión empática

Oramos en clave de acción de gracias.

Padre bueno, gracias por la vida, y gracias por la compasión empática.

Gracias por la compasión en las relaciones de ayuda con los que sufren, gracias por la presencia ecuánime, amable, que habla de proximidad, de comprensión honda, de compromiso concreto por aliviar el sufrimiento.

Gracias por la compasión empática de todas las personas que acompañan en la enfermedad, en la soledad, al final de la vida.

Gracias por la compasión empática que aprenden los agentes de salud, los acompañantes espirituales, que se concreta en proximidad, presencia comprensiva, escucha acogedora y consuelo oportuno.

Gracias por la compasión empática de todos los profesionales de las relaciones de ayuda, la que entrenan y supervisan para que sea cualificada y competente, humanizadora y eficaz.

Gracias por la compasión empática.

Amén.
San Camilo, ruega por nosotros.

122

El tiempo lento

Oramos en clave de acción de gracias.

Padre bueno, gracias por la vida, y gracias por el tiempo lento.

Gracias por el tiempo lento propio del acompañamiento, de las relaciones de ayuda, terapéuticas.

Gracias por el tiempo lento propio de la ternura, de la escucha, de la paciencia de la hospitalidad narrativa, del encuentro de calidad.

Gracias por la ausencia de prisas y de violencia en la expresión de la ternura; gracias por la paciencia de la escucha sin juicio, en la narrativa del sufrir. Gracias por el respeto del ritmo de quien se narra, en los diálogos de relación de ayuda.

Gracias por el fuego lento de cada encuentro de escucha, de liberación, de desahogo, de comprensión que consuela.

Gracias por el tiempo lento.

Amén.
San Camilo, ruega por nosotros.

123

Las nubes

Oramos en clave de acción de gracias.

Padre bueno, gracias por la vida, y gracias por las nubes.

Gracias por las nubes que nos limitan el sol, que nos entregan el agua tan necesaria para nuestra vida, que se manifiestan en tormentas que asustan y generan admiración de la naturaleza y su creador.

Gracias, Padre bueno, por que las nubes siempre te han simbolizado, como presencia protectora, como si fueran tu voz que se deja oír, como el trono desde el que te comunicas, como tu vehículo por el firmamento.

Gracias por la nube como símbolo del lugar donde guardamos la información, donde compartimos documentos, donde confiamos el contenido de nuestro trabajo, para su continuación, accesibilidad, seguridad.

Gracias, Padre bueno, por las nubes que nos infunden respeto, nos provocan el reconocimiento de tu presencia en nuestras vidas, nos aumentan la conciencia de lo que nos sobrepasa y admiramos, como parte de la creación.

Gracias por las nubes.

Amén.
San Camilo, ruega por nosotros.

124

Las palabras liberadoras

Oramos en clave de acción de gracias.

Padre bueno, gracias por la vida, y gracias por las palabras liberadoras.

Gracias por las palabras que nos permiten narrarnos, liberarnos, expresarnos en nuestro sentir, en nuestro sufrir, en nuestro esperar.

Gracias por las palabras que son vehículo del amor, correo de ternura, encarnación de pensamientos, puentes de encuentro de alteridades.

Gracias por las palabras que no enjaulan ni aprisionan la originalidad del pensar y del sentir, las palabras libres que refuerzan el valor de la comunicación responsable, las palabras que no buscan herir, sino el encuentro en la verdad.

Gracias por las palabras limpias, las bien dichas, las bien escuchadas, las bien interpretadas, las palabras impecables, libres de toda forma de mal.

Gracias por las palabras liberadoras e impecables.

Amén.
San Camilo, ruega por nosotros.

125

Las sociedades científicas

Oramos en clave de acción de gracias.

Padre bueno, gracias por la vida, y gracias por las sociedades científicas.

Gracias por las vinculaciones que establecen las personas que se especializan en campos del saber y del hacer. Gracias por las sociedades científicas de las profesiones biomédicas, que generan *expertía,* conocimiento, pertenencia, evidencia y cultura.

Gracias por las motivaciones que refuerzan las sociedades científicas desde su dimensión de la ética que buscan respetar, concretar, actualizar. Gracias por la búsqueda del bien que toma cuerpo en quienes se reúnen para honrar el respeto a la dignidad humana, el valor del cuidado esmerado y especializado.

Gracias por quienes ponen en valor, desde los grupos, la profesionalización del cuidado con su cara humana que le es propio, con la ternura que le da el toque de verdadera ciencia humana.

Gracias por las sociedades científicas.

Amén.
San Camilo, ruega por nosotros.

126

Las personas tiernas

Oramos en clave de acción de gracias.

Padre bueno, gracias por la vida, y gracias por las personas tiernas.

Gracias por las personas que logran encauzar sus energías hasta el punto de no ser violentas, ni abruptas, ni faltonas, ni descalificadoras, ni gruñonas.

Gracias por las personas que encuentran, en la blandura de su corazón, el camino mejor para expresarse de manera respetuosa, constructiva, entrañable. Gracias por quienes consiguen impregnar de ternura sus palabras, sus gestos, su saber estar, el tono de su voz, siendo dueños del contenido de lo que expresan.

Gracias por las personas que no reservan la ternura exclusivamente para los niños o para las relaciones íntimas, sino que la prodigan en las relaciones adultas, de compañerismo, de vecindad, de trabajo, de comunidad.

Gracias por las personas tiernas, porque da gusto estar con ellas, porque también se hacen más felices a sí mismas y contribuyen a un mundo más humano.

Gracias por las personas tiernas.

Amén.
San Camilo, ruega por nosotros.

Las bendiciones

Oramos en clave de acción de gracias.

Padre bueno, gracias por la vida, y gracias por las bendiciones.

Gracias por los gestos con los que invocamos tu protección, agradecemos tus dones, dignificamos las cosas y a las personas, evocamos tu presencia y acogemos la gratuidad de tantas cosas. Gracias por las bendiciones que expresan buenos deseos sobre las cosas y las personas.

Gracias por las personas que simbólicamente bendicen; pero gracias por todas las personas que logran ben-decir, hablar bien de los demás y del mundo, identificando todo lo bueno que hay en él, deseando que todo contribuya al bien de las personas y las comunidades.

Gracias por las palabras graciosas y buenas con las que bendecimos y agradecemos. No queremos perder la dimensión crítica, profética, la denuncia y el discernimiento entre el bien y el mal. Pero queremos conservar el decir bien de lo bueno, abundar en el reconocimiento de lo santo, lo amable, lo constructivo, y expresarlo con palabras y gestos.

Gracias por las bendiciones.

Amén.
San Camilo, ruega por nosotros.

128

Los que crean escuela

Oramos en clave de acción de gracias.

Padre bueno, gracias por la vida, y gracias por los que crean escuela.

Gracias por las personas que tienen identidad en su pensar, en sus iniciativas, proyectos y modelos de intervención, creando a su alrededor un conjunto de personas que desarrollan su pensamiento, lo continúan, lo profundizan... hacen «escuela».

Los que crean escuela, son artistas, especialistas, innovadores, críticos de otros modelos anteriores, tienen coraje para proponer lo nuevo, verificando su utilidad, su bondad ética, su sana motivación.

Gracias por los que son maestros, por los que generan escuela en torno a ellos, afiliados a pasiones semejantes, respetuosos y críticos en relación a las propuestas alternativas, pero líderes innovadores que contribuyen a humanizar.

Gracias por los que crean escuela.

Amén.
San Camilo, ruega por nosotros.

129

El modelado

Oramos en clave de acción de gracias.

Padre bueno, gracias por la vida, y gracias por el mode-lado.

Gracias por la técnica por la que se aprende obser-vando e imitando comportamientos de otras personas, modelos. Gracias por los que se prestan a hacer de mode-los en la intervención, en la aplicación de un repertorio de habilidades.

Gracias por los que supervisan el aprendizaje por mode-lado, por entrenamiento y supervisión en el arte de acom-pañar bien a las personas que sufren, utilizando técnicas de comunicación oportunas.

Gracias por los que se especializan en el uso de juegos de rol al servicio de la docencia, al servicio del aprendizaje de la relación de ayuda en el sufrimiento.

Gracias por los que ponen su saber al servicio de un aprendizaje que comporta el entrenamiento y el creci-miento humano de los futuros terapeutas.

Gracias por el modelado.

Amén.
San Camilo, ruega por nosotros.

130
La cultura paliativa

Oramos en clave de acción de gracias.

Padre bueno, gracias por la vida, y gracias por la cultura paliativa.

Gracias por el modo de pensar, sentir y actuar vinculado con el sufrimiento humano que se puede paliar, aliviar, acompañar con las competencias de diferentes profesionales.

Gracias por la cultura paliativa de la que surgen los servicios y equipos de cuidados paliativos para las personas con enfermedades avanzadas que no responden a tratamiento.

Gracias por la cultura paliativa que lleva a renunciar a curar donde lo que procede es cuidar, controlar síntomas, acompañar al paciente y a la familia, aliviar toda forma de sufrimiento, disminuir la conciencia en caso de síntoma refractario, si es voluntad del paciente.

Gracias por el potencial humanizador de la cultura paliativa, que deseamos promover en las familias, entre los profesionales de la salud, en los servicios sanitarios, en los diferentes países con sensibilidades y momentos distintos.

Gracias por la cultura paliativa.

Amén.
San Camilo, ruega por nosotros.

131

Las energías renovables

Oramos en clave de acción de gracias.

Padre bueno, gracias por la vida, y gracias por las energías renovables.

Gracias por que vamos aprendiendo a consumir de manera respetuosa con el medio ambiente, pensando también en las generaciones futuras. Invertimos en tecnología buscando el equilibrio en este mundo heredado, lleno de riqueza y lleno de saber que se convierte en operativo para buscar una vida confortable y saludable.

Gracias por el cambio de mentalidad que logramos producir para cuidar el planeta, para prevenir el cambio climático, para hacer accesibles los bienes que contribuyen a una vida más digna y saludable.

Gracias por las energías renovables.

Amén.
San Camilo, ruega por nosotros.

132

El cuidado espiritual

Oramos en clave de acción de gracias.

Padre bueno, gracias por la vida, y gracias por el cuidado espiritual.

Nos damos cuenta de que las personas también sufrimos en el corazón, en la vida espiritual. En ocasiones experimentamos angustia, vacío existencial, sinsentido, desorientación, cansancio vital, síndrome de soledad existencial... y necesitamos ser cuidados espiritualmente.

También en la enfermedad y en las situaciones críticas, donde tenemos que tomar decisiones o aprender a vivir con el malestar, necesitamos atenciones espirituales, cuidado espiritual.

Gracias por las personas que se hacen expertas en cuidados espirituales, por quienes saben diagnosticar, detectar necesidades espirituales, identificar recursos, porque tienen competencia espiritual suficiente para cualificar el acompañamiento.

Gracias por el cuidado espiritual que logramos ofrecer a quien sufre.

Amén.
San Camilo, ruega por nosotros.

133

El agua de lluvia

Oramos en clave de acción de gracias.

Padre bueno, gracias por la vida, y gracias por el agua de lluvia.

Necesitamos mucho el agua para la vida, para la vegetación, para la alimentación, para la higiene. ¡Qué hermosa el agua limpia! ¡Qué bien, poder almacenarla, encauzarla, tenerla en casa para el consumo humano, animal...!

Deseamos el agua que cae armónicamente, en el momento útil, en la cantidad adecuada, la que le va bien a la vida vegetal y animal, la que vemos como un don, agradecidos al cielo.

Nos damos cuenta de los desastres que se producen con la ausencia de agua, así como con su llegada brusca. Y nos sentimos agradecidos por la buena lluvia y corresponsables en el cuidado del planeta para no favorecer desequilibrios.

Gracias por el agua generosa de la lluvia moderada.

Amén.
San Camilo, ruega por nosotros.

134

Podemos estar sentados

Oramos en clave de acción de gracias.

Padre bueno, gracias por la vida, y gracias por que podemos estar sentados.

Sentados mostramos dignidad, descansamos, trabajamos, oramos, contemplamos, participamos en espectáculos, en asambleas y reuniones...

Deseamos y nos comprometemos a estar sentados prudentemente, sin excesos, sin inmovilismo. Deseamos y nos comprometemos en que los que están siempre sentados, porque no pueden ponerse de pie, puedan también deambular, participar, llevar una vida digna sin barreras arquitectónicas evitables.

Gracias, Padre bueno, por que podemos sentarnos para contemplar la naturaleza y para dirigirnos a ti escuchando tus mensajes a través de la naturaleza, de los demás, de la Palabra sagrada.

Gracias por que podemos estar sentados.

Amén.
San Camilo, ruega por nosotros.

135

El cielo

Oramos en clave de acción de gracias.

Padre bueno, gracias por la vida, y gracias por el cielo.

Gracias por el cielo que esperamos, el que nos has prometido como morada eterna, en comunión contigo y con todo lo santo y bueno. Gracias por el cielo que eres tú, que tienes nombre de Amor, que mueves nuestros corazones para que lo deseado lo construyamos con nuestras conductas.

Nos damos cuenta de que, cuando cuidamos bien, construimos un cielo, resucitamos a vidas nuevas en ti, el mundo se parece más al que tú nos has propuesto. Cuidando, construimos cielo.

Gracias, Padre bueno, por que podemos saborear ya lo que significa vivir en plenitud contigo, al poder construir con la compasión y la ternura un mundo donde todo termina por oler a ti.

Gracias por el cielo que esperamos y por el que trabajamos.

Amén.
San Camilo, ruega por nosotros.

136

La esperanza
de los que están en duelo

Oramos en clave de acción de gracias.

Padre bueno, gracias por la vida, y gracias por la esperanza de los que están en duelo.

Gracias por la esperanza que tenemos cuando sufrimos por la muerte de un ser querido. Tenemos esperanza en el cielo, en la resurrección, en una vida eterna misteriosamente en ti y en todos. Pero tenemos también la esperanza de encontrar fuerzas para atravesar el duelo sanamente, con las ayudas necesarias para vivir equilibradamente a nivel físico, emocional, relacional y espiritual.

Gracias por la esperanza que se traduce en confianza en relaciones de apoyo, de ayuda, en la compasión genuina de quien nos quiere ayudar, en la escucha y el consuelo de las relaciones significativas.

Gracias por la esperanza de que, en medio de la tristeza y del dolor, se enciendan luces y nos dejemos habitar por la confianza de que habrá luz, saldrá el sol, aprenderemos a reinventarnos y vivir sin el ser querido.

Gracias por la esperanza en el duelo.

Amén.
San Camilo, ruega por nosotros.

137

La actitud resiliente

Oramos en clave de acción de gracias.

Padre bueno, gracias por la vida, y gracias por la actitud resiliente.

Gracias por el ánimo positivo que tenemos en las crisis, cuando logramos mirar en clave de crecimiento, cuando ponemos el foco no solo en la resistencia, sino en la posibilidad de crecer con ocasión de la adversidad.

Gracias por quienes hacen de tripas corazón, por quienes resurgen de las cenizas, por quienes sacan arte del sufrimiento, generando dinamismos de aprovechamiento de las oportunidades de desarrollo humano.

Gracias por los tutores de resiliencia, por los acompañantes que miran lo positivo y lo estimulan, por quienes ayudan a hacer *zoom* y poner las manchas negras en un foco que no ocupe todo el primer plano. Gracias por los buenos consejeros, los que saben escuchar y consolar ayudando a salir crecidos de los problemas.

Gracias por la actitud resiliente.

Amén.
San Camilo, ruega por nosotros.

138

La nube

Oramos en clave de acción de gracias.

Padre bueno, gracias por la vida, y gracias por la nube.

Gracias por que quienes trabajamos con ordenadores, podemos utilizar espacios de conservación de nuestra información, accesibles desde cualquier punto y con diferentes medios.

Gracias por los que trabajan favoreciendo recursos que hacen eficiente el trabajo de los demás. Gracias por los que velan por la seguridad informática. Gracias por quienes son creativos y permiten avances en el uso de la tecnología para construir un mundo mejor.

Gracias por el buen hacer que logramos limitadamente en el uso de la informática, cuando favorece un modo de vivir en línea con los valores genuinamente humanos, respetando siempre la intimidad, la privacidad, la transparencia y el buen uso de la información.

Gracias por la nube y la buena gestión de la información.

Amén.
San Camilo, ruega por nosotros.

139

La higiene

Oramos en clave de acción de gracias.

Padre bueno, gracias por la vida, y gracias por la higiene.

Gracias por que podemos cuidar el cuerpo con comportamientos higiénicos que favorecen la salud, previenen la enfermedad, generan bienestar y nos disponen al encuentro agradable.

Gracias por la higiene en los espacios, en la casa, en el trabajo, en los transportes, en la calle, en los lugares de encuentro. Nos produce bienestar. Nos genera gusto estar en donde está limpio.

Gracias por la corresponsabilidad que sentimos para tenerlo todo limpio, para gestionar con responsabilidad los residuos, para aprovechar lo que sobra, para ser limpios también cuando no se ve, cuando no hay vigilancia y aparentemente parece que da igual.

Gracias por la higiene responsable.

Amén.
San Camilo, ruega por nosotros.

140

El sonido

Oramos en clave de acción de gracias.

Padre bueno, gracias por la vida, y gracias por el sonido.

Gracias por el bien que podemos producir con las ondas, tanto hablando como utilizando instrumentos musicales, percutiendo sobre cosas, usando maquinaria... Nos agradan los sonidos amables, en frecuencia e intensidad tolerables, armónicos, sinfónicos, productores de bienestar sensorial y global. No queremos hacer ruidos evitables, estridentes, que molesten, que generen estrés, que impidan el descanso, la concentración, el disfrute del entorno sereno y amable.

Gracias por la sensibilidad ante los ruidos en la ciudad, en el trabajo, en la noche. Gracias por los sonidos que escuchamos en la naturaleza cuando no está invadida, sino dejada a sus leyes, donde el agua, el viento, los pájaros... nos regalan una experiencia de gozo y contemplación.

Gracias por el sonido.

Amén.
San Camilo, ruega por nosotros.

141

Los licores

Oramos en clave de acción de gracias.

Padre bueno, gracias por la vida, y gracias por los licores.

Gracias por los líquidos elaborados por destilación, con esencias o extractos vegetales, que nos deleitan en momentos festivos y convivenciales.

Gracias por los sabores agradables de los licores, que disfrutamos en medida justa, respetando la necesaria responsabilidad en nuestras conductas, aprovechando la relación y la fiesta para disfrutar y alegrar el corazón.

Gracias por la riqueza de licores que ayudan a expresar aspectos culturales, identidades regionales, tradiciones grupales. Gracias por los licores que nos regalamos como indicador de fiesta y de tradición cuidada. Gracias por el uso medicinal de los licores.

Gracias por los licores.

Amén.
San Camilo, ruega por nosotros.

142

La democracia

Oramos en clave de acción de gracias.

Padre bueno, gracias por la vida y por la democracia.

Gracias por el sistema político que defiende y practica la soberanía del pueblo, el respeto de la mayoría y el derecho a elegir y supervisar a los gobernantes.

Gracias por la vida de los grupos que, en virtud de la democracia, hacen propuestas diferentes, buscando el bien común, pensando en los más débiles, arbitrando medidas que promuevan la igualdad, la salud, la educación, la comunicación, la vida en paz, los servicios sociales, la seguridad...

Gracias por quienes hacen de la democracia un espacio de respeto, una oportunidad de dar a la palabra su lugar, la palabra que argumenta, la palabra que defiende pacífica y respetuosamente las ideas, la palabra no violenta ni destructiva.

Gracias por la práctica elegante de la democracia en los Estados y en los grupos llamados a gobernarse por mayorías.

Gracias por la democracia.

Amén.
San Camilo, ruega por nosotros.

143

El correo electrónico

Oramos en clave de acción de gracias.

Padre bueno, gracias por la vida, y gracias por el correo electrónico.

Gracias por que logramos comunicarnos con mensajes enviados a través de Internet, que nos permiten compartir información, documentos, en tiempo real.

Gracias por que, con el correo electrónico, podemos agilizar lo que en otros tiempos nos resultaba lento, difícil, inseguro, alargando tiempos de espera e invirtiendo más energía y recursos. Deseamos usar sabiamente el correo, evitar la invasión irrespetuosa en el tiempo y el espacio de los demás, ser veraces en su uso, no usurpar la identidad de nadie, ser prudentes en la respuesta, sin generar retrasos innecesarios que conllevan dificultades.

Gracias por la responsabilidad con la que podemos vivir el uso del correo electrónico y los servicios que prestamos a conocidos y desconocidos a través de él.

Gracias por el correo electrónico.

Amén.
San Camilo, ruega por nosotros.

144

Las personas bondadosas

Oramos en clave de acción de gracias.

Padre bueno, gracias por la vida, y gracias por las personas bondadosas.

Gracias por las personas que tienen en su ADN la dinámica del bien, la buena disposición, la transparencia en la relación, la nobleza en las motivaciones, la sencillez y servicialidad en las conductas.

Gracias por las personas que saben compartir sus bienes, que son prudentes en su uso, que están siempre disponibles y tienen un comportamiento solidario y generoso.

Gracias por las personas cuyo comportamiento es altruista, prosocial, espontáneamente dispuesto a ayudar y a salir al paso de las necesidades de los demás.

Gracias por las personas bondadosas que muestran con su conducta la atracción del bien y la verdad, la belleza del buen obrar y el disfrute de la vida moral correcta.

Gracias por las personas bondadosas.

Amén.
San Camilo, ruega por nosotros.

145

El vínculo y el apego

Oramos en clave de acción de gracias.

Padre bueno, gracias por la vida, y gracias por el vínculo y el apego.

Gracias por la relación que se crea entre las personas que se cuidan unas a otras, pequeñas y grandes. Gracias por la relación afectiva que hay o que surge entre terapeuta y ayudado.

Somos conscientes del impacto de las separaciones y rupturas de los vínculos y apegos en momentos críticos de la vida, entre los cuales están el fin de los cuidados, las separaciones, la muerte. Queremos comprender el impacto de las rupturas de los vínculos personales, identificar las dinámicas posibles de acompañamiento para reconstruir vidas conectadas, con buenos apegos, libres y responsables, seguros y no ambivalentes ni evitativos.

Gracias, Padre bueno, por que podemos vivir las relaciones con equilibrio, conscientes de nuestra interdependencia y de la necesidad de salud relacional.

Gracias por los apegos y vínculos sanos.

Amén.
San Camilo, ruega por nosotros.

146

La asiduidad

Oramos en clave de acción de gracias.

Padre bueno, gracias por la vida, y gracias por la asiduidad.

Gracias por las personas puntuales, constantes, frecuentes en la participación de actividades o encuentros. Gracias por quienes muestran así su respeto por los demás, con el esmero de la atención a quienes esperan o necesitan la presencia.

Gracias por las personas que repiten su conducta con una cadencia, y se muestran así disponibles, accesibles, al alcance de los demás, para cumplir sus responsabilidades con diligencia y perseverancia, dedicación y persistencia.

Gracias por que podemos adquirir compromisos y atenderlos con responsabilidad renovada y fidelidad comprometida, vinculándonos así de manera significativa con los demás y con nobles causas que humanicen, que construyan un mundo mejor, que es posible.

Gracias por la asiduidad.

Amén.
San Camilo, ruega por nosotros.

Los medios de comunicación

Oramos en clave de acción de gracias.

Padre bueno, gracias por la vida, y gracias por los medios de comunicación.

Gracias por quienes contribuyen a hacer accesible la información de manera masiva, y acercan los datos, los eventos, al conocimiento de todos.

Gracias por quienes, al comunicar, honran la verdad, respetan a los protagonistas o implicados en los sucesos, argumentan las opiniones sin manipular, respetan la diversidad de enfoques y no destruyen atacando irrespetuosamente a quienes piensan de manera diferente.

Gracias por los medios que son puntuales, los que trabajan con agilidad y nos hacen llegar la actualidad de eventos importantes, contribuyendo a prevenir o mitigar el impacto. Gracias por los medios que cuidan la verdad, que cuidan el modo de comunicar, que respetan la dignidad de las personas, que cuidan los modos, y ennoblecen la realidad con las justas palabras con las que la describen.

Gracias por los medios de comunicación.

Amén.
San Camilo, ruega por nosotros.

El arrepentimiento

Oramos en clave de acción de gracias.

Padre bueno, gracias por la vida, y gracias por el arrepentimiento.

Gracias por la dinámica de quien reconoce haberse equivocado, haber generado algún daño y, deseando sanar y reparar las relaciones, pedir perdón y construir el bien, se arrepiente de su error con propósito de que esa no sea la dinámica en nuevas circunstancias.

Gracias por quien siente pesar ante lo hecho, dicho o dejado de hacer y cambia de opinión y de conducta, comprometiéndose a corregirlas y comportarse de manera correcta con los valores y respetando a las personas.

Gracias por que nos das la energía suficiente y el ánimo necesario para tener la oportunidad de arrepentirnos, disculparnos, cambiar y acarrear con las consecuencias del daño realizado. Gracias por que podemos abrirnos a la verdad, dejarnos iluminar, hacernos conscientes, moderados y responsables al pensar, relacionarnos y comportarnos. Gracias por cuando pedimos perdón.

Gracias por el arrepentimiento.

Amén.
San Camilo, ruega por nosotros.

149

La hospitalidad compasiva

Oramos en clave de acción de gracias.

Padre bueno, gracias por la vida, y gracias por la hospitalidad compasiva.

Gracias por quienes acogen a las personas que sufren, con entrañas de hospitalidad, con reconocimiento de la vulnerabilidad necesitada de apoyo, comprensión y ayuda.

Gracias por quienes practican la hospitalidad escuchando la narración del sufrir, de los propios traumas, sinsabores, malestares, preocupaciones.

Gracias por quienes reconocen el poder de acoger tiernamente y lo practican de diferentes maneras, dignificando a las personas en situación de vulnerabilidad y fragilidad.

Gracias por la hospitalidad compasiva del corazón roto, que atendemos con la competencia narrativa, para liberarlo del sufrir mudo, de la soledad no deseada, de la oscuridad sedienta de palabras.

Gracias por la hospitalidad compasiva.

Amén.
San Camilo, ruega por nosotros.

150

Las congregaciones religiosas

Oramos en clave de acción de gracias.

Padre bueno, gracias por la vida, y gracias por las congregaciones religiosas.

Gracias por los hombres y las mujeres que se han vinculado apasionadas por una noble causa humanizadora en el campo de la salud, del cuidado, de la educación, de los más pobres, de la cultura... siguiendo a fundadores, líderes carismáticos.

Gracias por que forman comunidades, células de valor, de comunión, generadores de servicios y expresión de fraternidad cristiana.

Gracias por esas comunidades envejecidas, necesitadas de ayuda y cuidado, que evocan una historia de entrega, y que están llamadas también a saber dejarse cuidar, envejecer y morir.

Gracias por las congregaciones religiosas que son evidencia del Evangelio y muestran la riqueza de carismas.

Amén.
San Camilo, ruega por nosotros.

Cerrando el libro

La humildad de quien da gracias es un ejercicio que se abre a la contemplación y provoca una respuesta de acogida, reconocimiento y aceptación. ¡Cuántas cosas recibimos de Dios! ¡Cuántas cosas nos devuelve la vida si la conducta está centrada en los valores que humanizan! Hasta lo más pequeño recibe palabras para acogerlo y agradecerlo. Así ha sido en estas páginas.

Son la vanidad y el orgullo los que dificultan o impiden el agradecimiento, en particular, en forma oracional. Conscientes de nuestra pequeñez, nos abrimos a la variedad de la inmensidad de bondades que nos rodean y que recibimos. Y exclamamos: «Padre bueno, gracias por la vida». Un corazón humilde es el requisito necesario para ser agraciado por la sabiduría.

Este libro está en sintonía con aquellos otros: *Dar gracias a Dios. Oraciones para humanizar* (San Pablo, 2023), *La bondad de dar gracias* (Sal Terrae, 2023), *Dar gracias. Oraciones para humanizar la cotidianeidad* (Desclée de Brouwer, 2022), *Dar gracias. Oraciones que humanizan* (Sal Terrae, 2022), *Gracias, Padre bueno. Oraciones que sanan* (PPC, 2022), *Gracias por la vida* (Sal Terrae, 2022), *Oraciones para humanizar cada día* (Desclée de Brouwer, 2021). Con este, son ocho los libros que recogen los centenares de oraciones del autor que pueden contribuir a cultivar esta dimensión tan humanizadora del vivir: el agradecimiento.

Unas y otras dan una visión positiva de la vida, estimulan a una mirada reconocedora, identifican el lugar del compromiso para humanizar, invocan la propia responsabilidad, dejan a Dios ser Dios y, sin moralizar, comprometen.

Gracias por leer o usar estas páginas personal o comunitariamente. Quiera Dios que te permita cultivar un espíritu más humanizado, por ser más agradecido.

Índice